KB017731

보험금,
아는 만큼 더 받는다

보험금,
아는 만큼 더 받는다

펴낸날   2015년 3월 4일
3쇄 펴낸날   2017년 7월 10일

지은이 장은서
펴낸이 주계수 | **편집책임** 윤정현 | **꾸민이** 전은정

펴낸곳 밥북 | **출판등록** 제 2014-000085 호
주소 서울시 마포구 월드컵북로 1길 30 동보빌딩 301호
전화 02-6925-0370 | **팩스** 02-6925-0380
홈페이지 www.bobbook.co.kr | **이메일** bobbook@hanmail.net

© 장은서, 2015.
ISBN 979-11-5858-294-4 (03320)

※ 이 도서의 국립중앙도서관 출판시도서목록(CIP)은 e-CIP 홈페이지(http://www.nl.go.
kr/cip)에서 이용하실 수 있습니다. (CIP 2017015635)

사례 중심으로 살펴보는
알기 쉬운 보험금 청구와 보상

보험금,
아는 만큼 더 받는다

장은서

아는 만큼 더 받고 삶의 질을 높이는 보험금의 비밀과 보상
제대로 된 보상으로 자신의 권리를 찾고 보험의 가치를 빛낸다

보상전문가가 쓴 '보험보상의 정석'

- NH농협생명 부사장 김기주 -

"설마 내가 이런 큰 병에 걸리겠어?"

보험소비자들의 흔한 착각이다. 질병 및 각종 사고 리스크를 대비하기 위해 보험에 가입하면서도 정작 보험보상에 대해선 먼 나라 이야기로만 여긴다. 설상가상 낯설기만 한 보험용어와 약관 속 어려운 조항들, 게다가 보험설계사의 설명도 귀에 들어오지 않는다.

그래서인지 많은 보험소비자들은 자신이 가입한 보험상품을 제대로 알지 못한다. 그러다 막상 큰 사고가 발생하면 그제야 부랴부랴 인터넷을 검색해 가며 보험증권을 살펴본다. 그나마 이는 사정이 나은 편이다. 아예 몰라서 보험금을 청구하지 못하는 소비자들도 상당하기 때문이다.

'보험, 모르면 손해'라는 말은 바로 여기에서 나오는 것이다. 100세 시대가 도래하고 장수에 대비하고자 보험 열풍이 갈수록 거세지고 있다. 노후생활비 대비는 물론 의료비까지 나이와 성별을 불문하고 많은 소비자들이 보험에 열광하고 있다.

문제는 이 같은 관심이 보험가입 후 사라진다는 점이다. 나는 평소 임직원, 보험설계사들에게 '고객에게 이로움을 돌려주는 보험업의 기본 원칙'을 강조하곤 한다. 이의 실현을 위해, 먼저 잘 만든 보험상품이 필요하다. 그러나 여기에 '보상'이 뒤따르지 않으면 무용지물이다. 보험회사의 역할도 중요하지만, 소비자가 자신의 권리를 찾기 위한 이른바 '내가 가입한 보험에 대해 아는 것' 또한 중요하다는 얘기다. 그야말로 보험과 보상은 떼려야 뗄 수 없는 관계임을 소비자부터 주지해야 한다.

나는 1982년 보험업계에 입문하여 AM사업부장, 제휴영업 담당상무, 강남지역본부장, 고객지원실장까지 오랜 세월을 보험과 함께했다. 농협생명 상품총괄 부사장으로 취임한 뒤엔, 현장과 소통의 중요성을 깨닫고. 그 일환으로 'NH고객행복서비스'의 '5대 핵심 서비스'를 실시하고 있다. 이때 보험소비자들이 가장 궁금해하는 부분은 단연 '보상'이었다.

'내가 가입해 둔 보험이 어떤 사고를 겪었을 때 보험금이 나오는지?' '이떤 보험이 좋은 보험인지?' '내 보장자산이 적정한지?' 등등 대다수가 보험금을 받는 일과 직결돼 있었다. 내가 『보험금, 아는 만큼 더 받는다』를 보험소비자들과 그들을 최접점에서 만나는 보험설계사들에게 적극 권유하는 이유다.

앞서 언급했듯 수명은 늘어나는 한편 저금리 상태가 계속 유지되고 있다. 직장에 몸담는 시간이 짧아지면서 20대부터 연금 등 저축성 보험에 관심을 두지 않으면 노후의 편안함을 장담할 수 없는 시대가 됐다. 노후의료비 역시 생애 의료비 가운데 절반 이상을 65세 이후에 지출하는 상황에서 보장성 보험을 통한 준비는 필수다.

이러한 분위기 때문인지 출판계에서도 수많은 보험서적을 내놓았다. 그러나 많은 보험 관련 책들은 보험약관 용어만큼이나 어렵기만 하다. 하나같이 보험용어들만을 풀이한 내용을 담고 있다. 하지만 이 책의 저자 장은서는 소비자와 판매자가 서로 합리적인 선택을 할 수 있는 방법을 쉽게 제시해주고 있어 큰 관심이 간다.

판매자와 소비자가 보험가입부터 보험금 지급까지 놓치지 말고 꼼꼼히 따져야만 하는 것들을 일목요연하게 사례를 통해 제시하고 있다.

지은이 장은서는 보상전문가 출신으로 보험보상 및 보험사기와 관련해 현재 TV에도 출연하고 있으며, 5년째 보험전문칼럼도 기고하고 있다. 오랜 시간 생·손보를 아우르며 보상 및 보험상품 교육 업무를 담당한 내공과 실력의 결과라는 생각이 든다. 이 책엔 지은이의 숨겨진 보상지식이 여과 없이 드러나 있다. 어떻게 보면 보상에 대한 어렵고 낡은 개념을 다시 갈아주는 '보험보상의 정석'과 같은 책이라는 생각도 든다.

보험상품과 보상을 아우르는 만능 엔터테이너, 지은이 장은서 같은 전문가가 우리 회사에 있다는 것에 큰 기쁨과 자부심을 느낀다.

아는 만큼 더 받고 받는 만큼 달라진다

- 보험일보 기자 유은희 -

E채널 '용감한 기자들' / MBN '기막힌 이야기' /

SBS '한밤의 TV연예' / SBS '좋은아침' 등 보험전문기자로 출연

"보험금 왜 이리 받기 힘든가요?"

"제 보험금 좀 받을 수 있게 해 주세요."

보험전문 기자생활 1년 차, 5년 차… 그리고 10년 차에 접어든 현재까지도 내가 보험소비자를 만날 때마다 듣는 하소연이다. 이 얘긴 20년 30년이 지나도 계속 들을 것만 같다. 남녀노소, 더 나아가 유병자에게까지 보험가입 장벽은 낮은데 보험금 청구 문턱은 너무도 높기 때문이다.

실제 '묻지도 따지지도 않는다' '무진단' '간편 심사' 등을 내세운 보험에 가입했다가 애초 예상했던 것과 다른 보장내용에 낭패를 보는 보험소비자를 종종 목격한다. 약관을 제대로 보지 않았기 때문에 이 같은 사태가 발생한 것. 어디까지나 '이해하지 못한' 소비자 잘못이다.

문제는 보험소비자가 정당하게 받아야 할 보험금을 청구했음에 보험

금을 줄여서 지급하는가 하면 보험금을 지급하지 않기 위해 보험 사기
범으로 모는 경우가 최근 들어 자주 발생하고 있다는 점이다. 여기에는
'보험소비자는 보상지식이 없다. 이렇게 해도 모른다'는 보험사들의 속
내가 숨어있다.

　그러나 보험소비자가 금융당국에 정당한 민원을 제기하거나, '보험약
관' 내용을 따지고 들면 보험사는 그때야 '보험금 협상' 태도를 보인다.
'보험금, 알면 받고 모르면 못 받는다'는 말이 나오는 까닭도 이 때문이
다. 따라서 보험계약서에 명시된 보험금을 수령하려면, 일단 '보상지식'
이 기본으로 탑재돼야 한다. 우리가 『보험금, 아는 만큼 더 받는다』를
정독해야 하는 까닭이다.

　'보상박사', '보상전문가'라는 별칭을 가진 이 책의 저자는 국내 유수의
손해보험사·손해사정회사 보상직원 출신이다. 사실 보상직원 시절엔
보험소비자보다 보험사 입장에서 조사업무를 맡았다. 안타까움도 많았
지만 맡은 업무에 충실해야 했고 그 범위에서 소비자 편에 서는 건 한
계가 있곤 했다.
　이리한 경험은 퇴사한 현재 오히려 보험소비자가 정당한 보상금을 받
도록 발 벗고 나서게 했다. 저자는 그래서 직접 조사업무를 하면서 겪었
던, 보험금 지급 규정이나 약관에 대한 지식 미비, 혹은 보험설계사 또는

보험소비자들이 몰랐거나, 보험사가 '의도적으로 외면'했던 보험금을 찾아주는 데 앞장서고 있다. 나아가 보험사 직원도 어려워하는 약관을 보험설계사들에게 쉽게 재해석해 주는가 하면, 진단비·수술비·입원비 등을 둘러싼 흔한 민원·분쟁과 조금만 알아두면 정당하게 보험금을 청구할 수 있는 지식을 매월 칼럼 연재를 통해 영업현장에 전파하고 있다.

저자는 늘 입버릇처럼 이야기한다. "보험에 가입해놓고도 막상 내가 가입한 보험이 어디에 적용되어 어떻게 보장받는지 정확하게 아는 사람은 별로 없다." 본업에 쫓겨 바쁜 와중에도 이 책을 내는 가장 큰 이유다.

무엇보다 수십 년간 보험업계서 변치 않는 '핫 이슈'를 꼽자면, 단연 암보험을 둘러싼 보험 분쟁이다. 암 발병률이 지속 증가하면서 그만큼 암보험이 실손보험 다음의 필수보험으로 부상했기 때문이다.

▲일반암 vs 소액암 등 암 종류에 따른 진단비 차등 지급 ▲감액·면책기간 ▲정확한 암 최종 진단일 ▲요양병원 입원 시 암 입원 일당 보장 ▲고지의무·통지의무 위반 등등 민원 사례도 각양각색이다. '국민보험'으로 불리는 실손보험 분쟁 유형도 암보험만큼이나 파란만장하다.

이 책은 이렇듯 보험소비자가 가장 흔히 직면하는 암보험과 실손보험을 중심으로 보험소비자 누구나 자신이 이런 문제에 부닥쳤을 때 이 책 하나만으로 해결하며 자신의 권리를 제대로 찾도록 했다.

보험연구원 조사결과에 따르면 우리나라의 가구당 보험가입률은 97.5%로 100% 달성이 임박한 상태라고 한다(2014년 기준). 모든 국민이 보험소비자인 시대가 된 것이다. 하지만 가입만 했을 뿐 자신의 권리를 누리고 찾으려는 의식은 가입률에 비해 현저히 낮다. 특히 보상에 관해서는 더욱 그렇다. 보험소비자가 보상지식을 모른 채 보험료만 내고 있다면 이는 소비자라기보다는 '호갱님'일 뿐이다. 위기에 대비해서 매월 꼬박꼬박 보험금은 내면서도 정작 필요할 때 보험금이 제때 나오지 않거나 받을 수 없다면, 보험료를 내는 의미가 없기 때문이다.

아는 만큼 보이고 보이는 만큼 느끼듯이 보험금 역시도 아는 만큼 더 받고 받는 만큼 삶의 질이 달라진다. 전 국민이 보험소비자인 시대, 이제라도 바르게 알고 지식을 쌓아 제대로 된 보상으로 당당하게 권리를 누리자.

『보험금, 아는 만큼 더 받는다』가 여러분을 당당하고 똑똑한 보험소비자로 다시 서게 해주리라 믿는다.

보험금 지급 관련 '약관' 꼼꼼히 확인해야!

"언니! 전화 통화 가능해?

나 급한데, 보험사에 이번에 내가 입원하고 수술받은 거 보험금 청구했는데, 보험금이 제대로 안 나온 거 같아. 몇 개가 빠진다는데, 이거 맞는 거야? 나 이번에 병원비가 정말 많이 들어가서, 카드로 내고 보험금 나오는 걸로 메꾸려고 했는데, 이게 뭐야…? 생각한 거보다 훨씬 적게 나왔어. 언니가 좀 알아봐 줘."

"부지점장님, 제 고객이 이번에 뇌졸중 진단받았는데요, 글쎄 진단비가 안 나온대요. 진단서에도 정확히 최종 진단이고 검사결과도 확실하고요. 그런데 보험금이 왜 안 나오는 걸까요?"

일주일에 이런 보험금 관련 전화를 수차례 받는다.

보험가입 후 보험금을 청구했던 소비자나, 설계사 중 이런 경험을 해본 사람이 의외로 많다. 병원비가 많든 적든 실제 병원에서 치료를 받은 후, 가지고 있던 보험이 생각나서 보험금 청구를 했더니, 보험금이 생각했던 것보다 적다며, 나와야 하는 보험금이 안 나온 것 같다고 많은 이가 하소연하는 것이다.

아는 사람을 통해서, 집안의 친인척을 통해서, 소개를 받아 보험에 가입하더라도 가입할 당시에는 대부분 건강을 자신하기에 뜻밖에 보험금을 청구할 일이 생기면 당황하기 마련이다.

나는 GA법인에서 상품 및 보상교육, 영업관리를 하면서 설계사들로부터 보험금 지급과 관련된 질문을 자주 받는다. 보험상품을 잘 알고 판매하는 전문가인 설계사들조차도 보험금 지급과 관련된 내용은 늘 어렵다고 말한다. 하물며 보험에 가입하면서 어떤 것이 보장되는지조차 모르고 덜컥 가입하는 고객이라면 말할 필요도 없다.

보험은 가입 시에도 꼼꼼하게 따져보고 가입해야 한다. 보험은 눈에 보이는 유형의 상품이 아니기 때문에 소비자는 쉽게 또는 대충 생각할 수도 있다. 사실, 보험은 다른 물건을 구입하는 것보다 훨씬 더 중요하다. 왜냐하면 한 달에 5~6만 원, 10만 원, 나간다고 생각해서 대수롭지 않게 생각하지만, 실제는 1억짜리, 6천만 원짜리 물건을 20~30년 할부로 사는 것과 똑같기 때문이다.

우리나라에는 국민의 건강과 복지를 책임지는 사회보험인 건강보험 제도가 있다. 1989년 전 국민을 대상으로 건강보험제도를 시행한 이후 세계적으로 유례가 드물게 빠르게 발전해 왔다.

이렇게 좋은 사회보장제도도 부족한 점이 있어 그 부족한 부분을 민영보험이 대신한다.

보험에 대한 인식이 부정적이었던 시절, 지인이나 주위의 설계사를 통해서 '아는 사람이니까 보험 하나 들어주자'는 생각으로 보험에 가입 했다면, 최근엔 보험의 필요성을 고객들이 먼저 인식하고 가입 의사를 밝혀오는 경우가 많아지고 있다.

특히 실손보험은 가입률이 상당히 높아졌으며, 어린이보험(태아 때 가입) 역시 이미 예비 엄마들 사이에서 당연한 출산 준비물의 하나로 인식될 만큼 그 필요성이 커지는 추세다.

보험에 대한 인식 전환에는 여러 가지 환경적, 경제적인 배경이 작용 했다.

식습관, 환경의 변화로 각종 암이나, 뇌, 심장 질환 등에 대한 발병 위험률 증가와 그에 따른 치료비 문제, 의학 기술 발전과 더불어 좋은 치료를 받기 위한 비용의 증대, 공보험이 해결할 수 없는 부분인 비급 여 등의 치료비 문제, 사건·사고로 인한 상실 소득 문제 등이 대표적인 인식 전환 배경이라 할 수 있다.

또한 평균수명의 연장으로 100세 시대가 도래하고, 장수에 따른 각종 질병과 사고 위험 증가, 노후 생활자금 필요성 등이 커지면서도 보험의 수요가 증대되었다.

이러한 사회·경제적 변화와 더불어 고객도 보험에 대한 지식과 정보를 스스로 쌓고 있다. 이것은 인터넷의 사회관계망 서비스를 통해 널리 공유되고 깨어있는 보험소비자를 만들고 있다.

'보험은 전문가의 영역이니 설계사가 다 알아서 해주겠지' 생각하는 보험소비자는 이제 흔치 않다. 이제는 소비자 스스로 쌓은 지식과 정보를 바탕으로 자신이 가입한 보험이 어떤 보장이 되는지 등 꼼꼼하게 분석하고 비교한다. 나아가 보험금 청구 시에도 꼼꼼하게 따져 제대로 (?) 보험금을 받는 고객이 갈수록 많아지고 있다.

보험금을 제대로 받는 고객이 늘어나고 있기는 하지만 보험금 청구는 일반 소비자에게 여전히 쉽지 않다. 이 책은 이렇게 쉽지 않은 보험금 청구에 대해 소비자는 물론 보험업 종사자도 쉽게 알 수 있도록 풀어쓰고자 했다.

특히 보험금 청구가 가장 많은 실손의료비 부분, 진단비에 대한 부분을 여러 사례로 풀었다. 또한 분쟁이 많은 고지의무와 관련된 내용에 대해서도 집중적으로 다루었다.

그동안 현장에 나가고 강의를 하며 모으고 분석한 자료와 사례를 이 책에서 나름대로 알기 쉽게 전하고자 노력했다. 책에 담긴 내용이 스스로 권리를 찾고자 보험을 깊이 있게 알려는 소비자와 일선에서 열정을 다하여 고객의 미래를 돕는 설계사들에게 많은 도움이 되기를 바라는 마음 간절하다.

이 책을 내기까지, 늘 믿어주시고 응원해주시는 농협생명 김기주 부사장님과 언제나 약이 되는 쓴소리를 달게 해주시는 신채널본부 최병휘 본부장님, 든든한 지원군 주경돈 단장님, 마음이 따뜻하신 AM사업부 장병철 부장님, 항상 물심양면 응원해 주시는 상품개발부 이용재 과장님과 윤소희 대리님, 소녀 같은 마케팅부 손금희 과장님, 이 자리까지 언니처럼 이끌어주신 총무부 이승준 과장님, 언제나 곁에서 희로애락을 같이하는 동생인 보험일보사 유은희 기자, 마음속 깊은 멘토인 한화손해보험 메디컬 서준호 부장님과 前 흥국생명 윤기석 전무님, 항상 조언 한가득 주시는 前 농협생명 김승억 부사장님, 보험업계의 건전한 발전을 위해 늘 애쓰시는 숭실대 경영학과 장만영 겸임교수님, 늘 정 많고 열정적이신 CHC창헬스케어 황은경 이사님께 깊은 감사를 전한다.

부족한 글을 한 권의 책으로 만들어 주신 밥북 편집진에도 고마운 마음 전한다.

끝으로 세상에서 가장 사랑하는 나의 딸, 연희에게 이 책을 선물한다.

이 책은 2015년 나온 『보험금, 아는 만큼 더 받는다』의 개정판으로 최근까지 개정된 내용을 담고 추가하였다.

2년 전 처음으로 이 책을 출간하고 책의 내용을 토대로 스터디를 하는 많은 영업인과 자신의 보험금 수령에 도움을 받았다는 독자들의 연락을 받고 큰 용기를 얻었다. 그러면서 앞으로 보험금을 몰라서 못 받는 독자들과 보험금 사례를 통해 영업을 하는 영업인들을 위해 더 좋은 내용의 책을 내야겠다는 다짐을 하는 계기가 됐다.

이번 개정판도 그런 다짐의 연장선에서 개정된 내용을 담고 부족한 부분을 보완하였다. 앞으로도 더 많은 분들게 도움이 되고 나 자신도 계속 정진할 수 있기를 바란다.

2017년 초여름 장은서

1장 보험 기초 쌓기

2장 손해 보지 않는 기초보험금 상식

5장 소비자도 설계사도 알아야 할 보험금

부록 보험계약·사고접수·보험 용어

보험 기초 쌓기

가입과
보상을 위한
보험 기초

보험은 무엇일까, 보험에 꼭 가입해야 할까?

보험에 가입하려는 또는 보험가입을 권유받았던 소비자라면 이런 생각에 빠져본 적이 있을 것이다.

보험의 역사는 꽤 오랜 시대로 거슬러 올라간다.

원시인은 산에서 사냥한 짐승이나 나무 열매와 같은 식량을 마을로 가지고 내려올 때 주로 계곡의 뗏목을 이용했다. 그러나 종종 험한 계곡에서 뗏목이 바위에 부딪혀 부서지면서 식량을 잃어버리곤 했다. 사고가 반복되자 원시인들은 같은 위험에 노출된 이웃들과 약속을 맺었다. 뗏목이 부서져 식량을 잃는 사람이 생기면 남은 사람들이 식량을 십시일반 모아 도와주자는 것이었다. 인류의 삶이 시작된 이래 최초의 상부상조 개념인 '계', 즉 '보험'이 탄생하는 순간이었다.

4대 문명 중 하나인 중국에도 기원전 3000년경 사람들이 모여 살면서 이웃집이 폭풍이나 홍수로 파손되면 힘을 모아 복구했다는 기록이 남아있다.

"보험에 관한 최초 기록은 고대 법전의 하나인 바빌론(현재 이란 지역)의 「함무라비 법전」에서 찾을 수 있다. 농경 생활을 시작한 인류는 토지나 재화를 빌리기 시작했고 종종 이를 갚지 못하는 경우가 발생했다. 빌린 것을 갚지 못한 이유는 다양했지만 주된 원인은 자연재해와 같은 사고였다. 폭풍우 때문에 농사를 망치거나 항해를 나간 배가 태풍으로 파선하거나, 해적을 만나 재산을 빼앗기는 등 사고를 당하면 채무를 이행할 수 없었다. 이처럼 고의가 아닌 '우연한 사고로 채무 불이행이 발생할 경우, 과연 어떻게 해결하는 것이 공정한가?' 하는 문제가 제기되었다.

「함무라비 법전」에는 이에 대한 처리 규정이 담겨있다. 이는 보험에 관한 최초의 기록이기도 하다." 류근옥 저 『세상을 바꾼 보험』

인류가 시작한 이래 보험의 기본 개념이 생활 속에 함께 존재했음을 알 수 있는 내용이다. 이처럼 보험은 일정한 공동체의 누군가가 예상치 못한 위험에 처했을 때, 공동체의 기금을 모아 어려움을 이겨내도록 경제적인 도움을 주는 것으로 시작되었다.

영국, 미국 등의 나라는 300여 년이라는 오랜 시간에 걸쳐 보험산업이 성장해왔다. 한국의 보험 역사는 고작 50여 년에 불과하다. 짧은 역사에도 불구하고 한국의 보험산업 규모는 세계 8위에 올라있다. 단기간에 이룬 이런 급성장은 그 규모에 비해 보험에 대한 인식이나 만족도가 떨어지는 결과를 낳았다. 외적 성장과 내적 성장이 동시에 조화를 이루어 성장하지 못했기 때문이다. 보험산업뿐만 아니라 우리 사회

전체가 급속한 경제 성장과 이에 따르지 못하는 의식의 괴리로 혼란을 겪는다는 건 익히 알려진 사실이다.

2017년 현재 보험은 규모뿐 아니라 여러 방면에서 변화를 거듭하고 있다. 소비자의 요구를 충족하는 상품개발은 물론 소비자의 목소리를 들으며, 그들과의 소통에 더 관심을 기울이면서 만족도를 높이려 애쓰고 있다. 이러한 변화와 시대의 요구를 바탕으로 앞으로의 보험은 현재보다 더 깊숙이 우리 생활 안으로 들어올 것이다.

1) 보험의 분류

보험은 보장하는 담보에 따라 크게 생명보험과 손해보험으로 구분된다. 사람의 사망, 질병, 상해 등을 보장해주는 보험을 생명보험이라 하고, 물건의 경제적 손실, 파산 등을 보장해주는 보험을 손해보험이라고 한다. 보험사 이름만으로 생명보험과 손해보험은 쉽게 구분할 수 있다. 우리나라에는 현재 생보사 23개, 손보사 15개의 회사가 활동하고 있다. 판매하는 상품은 보험사당 평균 15~20개의 보험상품을 판매하고 있으니 총 판매상품 수는 최소 600개가 넘는다고 볼 수 있다.

생명보험과 손해보험은 엄연히 다르지만 서로 사촌 관계라고 생각하면 이해하기 쉽다.

생명보험사의 대표적 상품은 종신보험, 정기보험, 건강보험, 암보험을 중심으로 한 정액보험이다. 손해보험사는 손해를 본 만큼 보상하는 실손보험을 중심으로 보험상품을 판매하고 있다. 우리가 현재 알고 있는 건강과 질병 보험, 실손보험은 제3보험이라고 불리며 생명보험, 손해보험 모두 취급할 수 있게 되면서 둘의 경계는 모호해진 상황이다.

결국 보험은 쉽게 풀이하면, 인간이 살아가면서 예기치 못한 일로 위험에 처하거나 자신의 소유 물건(재물)에 손실이 생겼을 때, 인간으로서 최소한의 삶과 생활을 유지하도록 미리 대비하는 제도라고 할 수 있다.

2) 보험의 종류

① 종신보험

인간의 사망보장을 주로 하는 종신보험은 생명보험사의 대표상품이다. 가입만 하면 언젠가는 꼭 보험금을 100% 받는 보험이다. 왜냐하면 인간은 언젠가는 죽기 때문이다. 사실 보험에 가입하고 100% 보험금을 받는다고 확정하고 가입하는 상품은 없다고 봐야 한다. 보험은 미래의 예측 불가능한 위험을 담보하는 상품인데, 예측이 100% 가능한 부분을 보장해주는 상품이라는 측면에서 종신보험은 보험의 꽃이라고 말할 수 있다. 그렇다면 예측이 가능한 위험이고 보험금을 100% 받는다면 누구나 다 보험에 가입해야 하지 않을까? 그렇지만 아쉽게도 종신보험이 가입률은 그렇게 높지가 않다. 살아 있을 때 혜택을 본다고 생각하지 않기 때문이다.

'종신'이란 말 그대로 몸이 끝날 때까지 보장해 주고 끝날 때 혜택을 보기 때문이다.- 최근에는 살아있을 때도 혜택이 있는 종신보험도 있다.- 언젠가는 보험금을 받기 때문에 보험료 또한 다른 보험에 비해 비싸다.

그래서 종신보험은 주로 가정경제를 책임지는 가장의 부재에 대비해 가입한다. 즉 예기치 않은 가장의 부재로 남은 가족의 생계가 불투명해지지 않기 위함이다.

보험 따라잡기 1. 종신보험과 정기보험의 차이

두 상품 다 사망을 보장해 주는 보험이나 큰 차이는 '보장기간'이다. 종신보험은 이름처럼 생명이 끝날 때까지 보장을 해주는, 기간이 정해져 있지 않은 사망보장보험이고, 정기보험은 기간을 처음부터 정해놓고 그 기간까지만 사망보장을 해주는 보험이다.

정기보험은 20년, 60세, 70세와 같이 기간이 정해져 있기 때문에 종신보험보다 보험료는 낮다. 종신보험은 질병으로 사망하든, 사고로 사망하든 언젠가 한번은 반드시 보장을 받는 보험이라서 당연히 보험료가 높다. 높은 만큼 다양한 혜택도 있다.

경제활동 시기에는 사망보장을 가지고 가다가 은퇴 후 연금보험으로 전환하여 노후 자금으로 사용할 수도 있다.

종신보험은 대부분 짧은 기간 납입하는 것이 아니므로 가입 시에는 신중한 선택이 필요하다.

정기보험은 낮은 보험료로 사망에 대비할 수 있다는 게 가장 큰 장점이다. 종신보험에 가입하고 싶은데 보험료가 부담되어 돌아섰던 고객에게 적합한 보험이다. 또 종신보험에 가입했으나 가입금액이 부족하여 추가로 보장을 원하는 고객에게 알맞은 상품이다. 기간이 정해져 있기 때문에 사망보장이 필요한 시기를 잘 설정하여 가입하는 것이 필수다. 기간을 정할 때 언제까지 보장을 받게 해야 하는가로 많은 고민을 하는데 가정경제에 영향을 미치는 사람을 위주로 해야 한다. 즉, 그 사람이 가장이라면 그 가장의 최소 경제활동 기간에 맞추어 보장기간을 설정해야 한다.

예를 들어 30세 가장으로 3살, 1살 자녀를 둔 사람이라면, 보통 막내 자녀가 학업을 마치고 독립하는 시기를 고려하면 된다. 경제활동 기간을 50~60세로 잡아 이에 맞추면 될 것이다. 보장기간에 따라서 보험료 차이가 크므로 시기와 보험료 수준 등을 고려하여 선택하면 된다.

생명보험의 경우 종신보험과 정기보험은 고액보험료 할인서비스가 있기도 하니 반드시 체크할 필요가 있다. 또 건강체크 할인서비스도 있는데, 이것은 피보험자(보험대상자)의 건강상태가 일정 기준에 해당하면 보험료의 5~10% 정도를 할인해주는 제도이다. 혈압, 체격, 흡연 등에서 정해진 기준에 해당하면 이용할 수 있다. 같은 보장을 건강하다면 더 싸게 내고 사는 것과 같으므로 반드시 확인해야 한다.

② 건강·질병 보험

보험 중에 가장 관심이 많고 또 많이 가입하는 상품이 건강·질병 보험이다. 일반적으로 보험은 크게 정액보장보험과 실손보장보험으로 나눌 수 있다. 우리나라에는 국민의 건강을 지켜주는 의무보험이자 사회보험인 국민건강보험 제도가 있지만 모든 것을 보장해 주지는 않기에 부족한 부분을 이처럼 민영보험에서 보완하고 있다.

[정액보장보험]

정해진 금액만 보장한다고 하여 주로 생명보험 상품에 많다.
예를 들어, 암이나 뇌출혈 진단을 받으면 3천만 원, 수술 시 5백만 원 등, 이렇게 받는 금액이 정해져 있는 보험을 정액보장보험이라 한다. 이러한 정액보장상품은 가입 시에 미리 받을 금액이 정해져 있기 때문에 1년 후든, 20년 후든 청구 시에 받는 보험금의 변동이 없다.

[실손보장보험]

실제 손해가 생긴 부분을 보장하는 보험이다. 주로 손해보험에서 담보하는 보험으로 자동차보험이나 화재보험이 해당한다. 인보험에서는 대표적인 보험이 실손의료비보험이다. 실제 손해가 난 만큼 보장하고 있어 보험의 기본목적과 가장 잘 맞는다고 할 수 있다. 즉 보험은 질병이나 사고가 발생하여 치료에 쓴 만큼만 보상하는 게 본래 취지로써, 치료비 이상 보상을 받으려고 한다면 보험의 취지와 맞지 않는다.

③ 연금보험

노후생활을 안정적으로 보내기 위해 가입하는 대표 보험이 연금보험이다. 살아있는 동안 매년 돈이 지급되는 보험을 말한다. 종신까지 연금을 받고 싶다면 종신연금형을 선택하면 되고, 일정 기간을 정해서 받고 싶다면 확정형 연금을 선택하면 된다.

연금은 젊었을 때 가입하라는 말을 많이 한다. 일찍 가입할수록 같은 기간, 같은 보험료를 내고도 받는 연금이 많기 때문이다. 또, 주기적으로 경험생명표가 바뀌니 해가 넘어가기 전, 연금보험에 가입하는 게 유리하다는 말도 흔히 듣는다. 의학기술의 발전으로 사망 확률은 낮아지고 있는 반면에, 또 의학기술의 발전으로 오래 사는 확률은 높아지고 있다. 이런 것을 반영하는 것이 경험생명표다. 그래서 같은 보험료를 내고도 경험생명표가 다르면 연금수령액이 달라진다. 그래서 경험생명표가 바뀌기 전에 가입해야 연금수령액이 더 많다는 뜻이다.

3) 보험료의 구성

보험은 눈에 보이는 유형의 상품은 아니지만 생각보다 '큰' 돈을 들여 구입하는 물건임이 틀림없다. 보통 필요한 물건을 구입할 때, 이것저것 비교하여 따져보고 상품을 구매한다. 하다못해 흔히 마시는 우유를 살 때도 어느 우유가 더 신선한가, 저지방인가, 무지방인가, 칼슘을 더 많이 보충해주는 우유인가를 따져본다. 비록 몇 번밖에 못 마시는 우유이지만 신중하게 고른다.

하지만 보험을 구매할 때는 실상 그렇지 못하다. 설계사가 추천하는 보험을 대충 설명 듣고 가입하는 경우가 다반사다. 물론 보험에 대해 잘 모르기도 하고 복잡한 내용을 이해하기 힘들 것이라는 지레짐작이 작용해서이기도 하다. 일반상품인 우유는 한번 사고 소비하면 없어지지만 보험은 눈에 보이지 않지만 꾸준히 보험료를 납부해야 하는 상품이다. 매월 내는 보험료는 그렇게 10년을 또는 20년 이상을 내야 하므로 결코 적은 돈이 아니다.

내가 낸 보험료가 실상은 전부 보장을 위해 쓰이는 것이 아니라는 사실을 아는 고객은 많지 않다. 보험료가 어떻게 구성이 되는지 살펴보자.

보험료 = 순보험료 + 부가보험료
순보험료 = **적립보험료 + 위험보험료**
부가보험료 = **신계약비 + 유지비 + 수금비**

보험료는 고객이 보험계약을 하면서 회사에 납입하는 돈을 의미한다. 가끔 보험료를 보험금과 헷갈리는데 보험금은 고객이 보험가입 후에 보험사고로 청구했을 때 보험회사로부터 받는 돈을 말하니 더는 혼돈하지 말자.

이 보험료는 순보험료와 부가보험료로 구성된다. 순보험료는 향후 지급되는 보험금으로 위험보험료와 적립보험료로 구성된다. 위험보험료는 상해, 사망, 질병 등의 보험금을 지급할 일이 생겼을 때 지급하는 보험금의 재원이고, 적립보험료는 만기보험금이나 해지환급금의 재원이 되는 보험료다.

부가보험료는 보험계약을 체결, 관리, 유지하기 위해 쓰이는 경비를 말한다. 설계사의 수당, 증권발행비, 수금비, 계약이 유지를 위해 관리하는 비용이라 생각하면 된다.

좋은 보험이란
설계사가
권하는 보험?

　보험의 인식이 달라졌다고는 하지만 아직도 내가 필요해서 가입한다기보다는 주로 아는 사람의 권유나 설계사의 영업에 못 이겨 가입한다는 인식이 강하다. 그래서 보험에 가입할 때는 아는 설계사를 통해 가입해야 한다고 생각한다.

　사실 이런 인식이 쌓인 배경에는 여러 이유가 있을 것이다.

　일상에서 필요한 물건이 있을 때, 마트에 가서 비용을 지불하고 물건을 구입하면 그 물건은 바로 '나의 것'이 된다. 그러나 보험은 다르다. 바로 눈에 보이는 무언가를 얻는 게 아니다. 보험은 대가를 지불하고도 그것에 대한 보상이 당장 눈앞에 보이는 게 아닌 후취형 자산이기 때문이다. 거기다 중간에 해지라도 하면 그동안 납입했던 돈을 다 돌려받지 못하고 일부만 돌려받는다. 사실 아직도 자신의 필요보다는 지인의 권유에 못 이겨 그를 돕는 차원에서 가입하는 일이 비일비재다. 이미 보험에 여러 건 가입되어 있어도 한 건만 부탁하는 지인 설계사의 부탁을 거절하지 못하고 중복으로 '하나 더' 가입하는 경우도 흔하다. 고객의 재정상황을 고려하고 분석을 통해 알맞은 보험을 권유하는 좋은 설계사도 많지만, 고객상황은 고려하지 않은 채 자신의 실적 위주로 권유하는 설계사도 일부 있다.

문제는 나중에 보험사고가 발생되었을 때다. 마지못해 가입하더라도 설계사가 알아서 잘 설계해 주겠거니 하는 믿음으로 가입한다. 그리고 사고가 발생하면 그 믿음으로 당연히 보험금이 나오리라 생각한다. 하지만 몇몇의 경우, 보장되지 않음을 알게 된다. 그때야 문제를 제기하고 설계사에 대한 배신감을 봇물 터지듯 토로하지만, 상황은 이미 시위를 떠난 화살이나 다름없다. 이는 과연 '우리 서로 아니까' 보험 하나 가입해 달라던 설계사만의 문제일까?

1) 좋은 보험이란 무엇일까?

지인이 추천한 보험, 설계사가 좋다고 한 보험, 홈쇼핑에 나오는 혜택 많고 적은 보험료를 내며 보장이 큰 보험. 어떤 것이 정말 좋은 보험일까?

앞에서도 언급했듯이 보험은 수익을 바라고 가입하는 것이 아니다. 언제 생길지 모르는 위험에 대비해 경제적 손실을 막고자 가입하는 것이다.

이 위험과 경제적 손실의 크기는 개인마다 다르다. 예를 들어 음식점 주인의 위험은 손님들이 식당에서 음식을 먹고 혹시 이상이 생길 수 있는 위험, 또 종업원들이 일하다가 다칠 수 있는 위험들이 있을 수 있다. 이런 위험들이 닥쳤을 때 식당 주인은 경제적 손실이 따르므로 그 경제적 손실에 대비하여 보험에 가입하는 것이다. 가정에서의 위험이라면, 각종 사고와 질병의 위험이 있고, 그로 인한 가정 경제의 위험, 또한 최근 사회문제로 대두된 장수에 따른 위험 등이 있겠다.

그 밖에도 위험은 곳곳에 존재한다. 예상 가능한 위험이 있을 수도 있지만 그렇지 못한 위험도 있다. 예측이 가능한 위험에 딱 맞게 보험에 가입해두면 가장 좋겠지만, 신도 아닌 인간이 미래 일을 어찌 다 알겠는가? 그렇지 못하니 보험이 필요하고, 그렇지 못하니 어느 정도의 위험에 대비하는 보험을 가입하는 것이 가장 좋다고 할 수 있다.

2) 보장 내용이 크면 좋은 보험?

보험료가 비싸면 좋은 보험이라고 할 수 있을까? 보험료를 많이 내면 과연 보장금액도 클까? 보장금액이 크다는 것은 좋은 보험일까?

가끔 보험업계에 있는 사람들조차도 이런 질문을 한다.

물론 같은 조건 대비, 보장을 크게 하는 상품이 있다면 가장 좋다. 하지만 보장하는 한도가 클수록 보험료도 높아지기 마련이다. 그러나 보장 금액과 보험료의 크기는 반드시 비례하지 않는다. 보험상품은 상품의 특징과 사업비율 등에 따라 그 보험료가 달라진다. 사망을 보장하는 같은 상품이라도 회사마다 상품 판매경로에 따라 사업비가 다르고 이에 따라 보험료가 다르게 책정이 된다. 사업비율이 높다는 것은 보험료가 비싸다는 말과 같다.

많은 보험료를 내고 보장이 가장 크다면 제일 좋다. 그러나 많은 보장을 받기 위해서는 보험료에 대한 큰 경제적 부담을 가지고 가야 한다. 경제적 부담을 가지고 가면서까지 보장을 크게 만들 필요는 없다. 인생의 재무설계에서 보험에 담보하는 돈은 자신의 위험에 적당히 대비하는 정도라고만 생각하면 된다.

3) 여러 개의 보험에 가입했다고 좋은 것은 아니다

한 개의 보험에 여러 개의 보장을 모두 담았다고 해서 좋은 보험이라고 할 수는 없다. 마찬가지로 보험이 여러 개라고 해서 좋은 것은 아니다.

하나의 보험에 여러 개의 다양한 보장성 특약을 넣어서 완벽하다고 생각했는데, 정작 보험사고가 발생했을 때, 자세히 살펴보니 보장이 제대로 된 보험이 아니었다면, 제대로 가입한 게 아니다. 매달 내고 있는 보험료 대비 보장 부분이 상응하지 못한 것이고, 굳이 필요치 않은 여러 담보를 어쩔 수 없이 넣었을지도 모른다.

보험은 우선 기본인 주계약이 있고 그 외에 여러 가지 보장에 대한 부분을 선택할 수 있는 특약이 있다. 특약은 그 특성 또는 주계약에 따라서 어쩔 수 없이 의무적으로 가입하는 특약도 있다. 더불어 특약의 보장 한도금액 조정도 주계약에 따라 연동되는 부분들 있기에 필요 이상의 한도금액을 의무적으로 가입하는 경우도 더러 생긴다.

여러 개의 보험에 다양하게 가입한 경우는 어떨까? 이 역시도 무조건 좋다고 할 수 없다. 실제 쓴 의료비만큼 보장한다는 실손의료비의 경우 중복하여 여러 곳에 가입 할 필요가 없다. 실제로 쓴 의료비만 보상하기 때문에 여러 군데 보험에 가입했더라도 보험금은 여러 곳에서 나눠서 나오기 때문이다. 이런 이유로 중복으로 가입하면 보험료만 계속 버리는 꼴이 되기 때문에, 현재는 실손 의료비보험 가입 시 타사에 같은 보험이 가입되어 있다면 중복 가입 자체가 되지 않는다. (일부보험사가능)

여러 개의 특약에 다양하게 가입하는 것이 좋을 수도 있지만, 재정상황을 고려치 않고 무턱대고 여러 개의 상품에 가입하는 것 또한 좋지 않다. 혹시 모를 위험 때문에 그 불안을 뛰어넘고도 남을 만큼의 돈을 지불하는 것은 도가 지나치기 때문이다. 예를 들어 상해나 질병으로 입원하면 하루에 입원 일당이 모두 합쳐 15만 원 이상, 20만 원 이상 나오는 보험이 굳이 필요치 않은 것처럼 말이다.

따라서 하나의 보험에 가입하더라도 꼭 필요한 보장만 넣어 제대로, 알맞게 가입하는 것이 가장 중요하다.

4) 갱신형은 나쁜 보험? 비갱신형은 좋은 보험?

매년 말이나 3월 말쯤이 되면 다음연도 보험료 인상, 예정이율 인하, 상품 개정 등 여러 가지 이슈로 보험사는 바빠지기 시작한다. 더불어 갱신형 보험들은 보험료 인상이 가장 큰 화두이다. 갱신형은 보험가입

시에 저렴한 보험료로 출발하여 가입 후 일정 기간이 지나면 보험료가 올라갈 수 있는 보험이고, 보장하는 전 기간 보험료를 납부해야 한다. 비갱신형 보험은 최초 가입 시에는 갱신형에 비해 보험료는 비싸지만 보험료의 변동 없이 보장기간 동안 동일한 보험료로 보장을 받는다. 비갱신형은 보장기간 동안 평균위험률을 가지고 보험료를 산출하고, 갱신형은 갱신 시마다 위험률을 매번 반영하여 보험료를 책정한다. 둘 다 장단점이 있으므로 각자의 재정상황에 맞게 결정을 해야 한다.

5) 보험, 가입 전이 중요하다

보통 주위에는 여러 명의 지인 설계사가 있다. 보험에 가입하고자 한다면 우선 설계사에게 상담을 받고 가입하거나, 인터넷을 통해 스스로 가입을 한다. 우선 보험을 잘 모르는 사람이라면 설계사의 상담을 먼저 받는 것이 좋다. 전화로 하든 만나서 상담을 받든 고객 본인의 상황을 제일 먼저 고려해야 하기 때문이다. 상담을 받았다면 고객의 상황을 따져봤을 것이고 어떤 것이 제일 필요한 것인지를 판단 후 그에 맞는 보험을 권유할 것이다. 꼭 한 사람에게만 상담을 받을 필요는 없다. 2~3명의 설계사에게 상담을 받아보고 결정해도 늦지 않다. 한번 보험에 가입하면, 오랫동안 보험료를 납부해야 하므로 쉽게 해지하지 못하기 때문이다. 물건을 살 때 열심히 발품을 팔고 알아보면 그에 대한 지식도 쌓이고 내게 맞는 더 좋은 상품을 얻는 것과 같은 원리다.

보험은 그 누구도 아닌 나 자신을 위한 것이기 때문에 한 사람의 말만 믿고 가입하는 우를 범하지 말아야 한다. 따라서 처음부터 신중하게 꼼꼼히 따져보고 가입해야 후회가 없다.

보험은 같은 위험에 대비한 보험이라도 고객의 재정상황에 따라 천차만별이다. 예를 들어 질병이나 상해에 대한 기본 보장성 보험이 필요한 사람인데 월급이 200만 원이라고 하자. 이중 보장성 보험료로 100만 원 이상을 내고 있다면 보통 이것은 고객의 재정상황에 맞는 보험이 아니다. 꼭 필요한 보험을 가장 적절한 보험료로 가입하는 것이 가장 좋다. 따라서 고객마다 좋은 보험의 기준은 달라진다. 고객의 상황과 위험이 다 다르기 때문이다.

실비보험 VS 암보험 VS 종신보험

보험의 상품의 종류가 다양하여 여러 가지로 분류가 된다. 어떤 종류의 보험을 좋다거나 나쁘다고 단정해 구분할 수 없다. 가장 좋은 것은 내게 맞는 보험, 여러 위험에 대비할 수 있는 보험을 들어두면 가장 좋을 것이다. 그러나 그러기에는 보험료가 너무 많아 부담될 수 있다.

가장 먼저 내가 보험에 가입하려는 목적이 무엇인지를 따져봐야 한다. 그리고 어떤 상품을 선택할 것인지, 또는 이미 가입되어 있다면 어떤 보험이 더 필요한지를 선택하면 된다.

보험의 기본이라 하는 실손의료비보험은 잔병치레가 많은 사람에게 꼭 필요한 보험이 될 것이고, 암이나, 뇌, 심장 질환 등 특정 질환 가족력이 있다면 진단비 등을 담보하는 보험에 가입하는 것이 좋다. 또 한 집안의 가장이라면 가장의 조기사망 시 남겨진 가족들을 위해 가입하는 종신보험이나, 정기보험이 반드시 필요할 수 있다. 요즘에는 통합보험이라고 하여 각종 담보를 하나의 보험에 넣어 필요한 담보들만 선택해서 보장받을 수 있도록 한 보험도 있다.

시대가 변화함에 따라 각종 위험도 더 늘어나고 그에 대비한 보험상품도 늘어나고 있다. 최근에 등장한 치매보험이나 간병보험, 소득보상보험들이 대표적인 예이다. 예전에 가입해두었던 보험에 추가적 위험에 대비한 보험가입을 원할 때도 반드시 가지고 있는 보험 전부를 꺼내어 분석을 의뢰한 뒤에 상담하고 선택, 가입하면 된다.

상담을 받을 때는 잘 모르거나 이해가 되지 않는 부분은 재차 물어서 이해가 될 때까지 확인해야 한다. 이해가 가지 않아도 알아서 해주겠지 하는 섣부른 생각은 반드시 버려야 한다. 보험은 고가의 상품이다. 장기 간에 걸쳐 매월 납입하는 보험료는 몇백만 원에서 몇천만 원까지 될 수가 있다. 따라서 잘못 가입한 보험은 돈만 떼이는 큰 손해를 볼 수 있기에 신중하게 따져야 한다.

1) 첫 번째 반드시 가입해야 할 실손의료비보험

모든 보험 전문가가 보험가입 시 첫 번째로 가입해야 하는 보험이라면 단연 실손의료비보험을 꼽는다. 병원에 가서 치료를 위해 실제로 쓴 의료비를 보장해주는 것으로 알려진 보험으로 제2의 국민건강보험이라고도 불린다. 저렴한 보험료로 통원, 처방 조제비, 입원 등 치료비의 최대 90%까지 실제 의료비를 보상해주는 보험이다. 각종 사고나 질병의 노출이 많아지면서 2013년 실손의료비 보험 가입률은 59.1%로 가장 인기가 많은 보험이자 또 그만큼 청구가 많아 가장 손해율이 높은 보험이기도 하다.

현행 판매되고 있는 실손의료비보험은 크게 두 가지로 나눌 수 있다. 하나는 보장성 보험상품에 특약으로 끼워서 판매되고 있는 형태이고, 다른 하나는 단독으로 실손 의료비만 보장하는 상품이다. 전자는 여러 특약과 같이 설계가 가능하여 추가로 더 필요한 보장을 선택해 통합건강보험으로 가입할 수 있다는 장점이 있으나, 어떤 특약을 선택하느냐에 따라 보험료는 천차만별 달라질 수 있다. 후자는 단독상품으로 딱 실손의료비만 보장하기 때문에 군더더기가 없고 보험료가 상당히 저렴하다는 장점이 있다. 단점은 다른 보장은 같이 넣어서 가입할 수 없기에 다른 보장을 추가로 원할 때에는 상품에 따로 가입해야 한다.

실손의료비보험은 선택형과 표준형으로 나뉘는데 자기부담금에 차이가 있다. 선택형은 자기부담금 10%형으로 보험금을 청구하면 실제 쓴 의료비의 90%를 돌려받을 수 있고, 표준형은 자기부담금 20%형으로 실제 쓴 의료비의 80%를 돌려받는 형태이다. 당연히 자기부담금 비율이 높은 표준형이 보험료가 낮다. 2017년 4월부터는 비급여 도수치료·체외충격파·증식치료, 비급여주사제, 비급여 자기공명영상진단(MRI/MRA 검사비)은 추가로 가입해야 보상을 받을 수 있다. 각자의 필요, 재정 상황에 따라 선택을 해서 가입하는 것이 가장 좋은 방법이다.

2) 두 번째 가입해야 할 보험은 진단비 보험

실손의료비보험에 가입했다면 두 번째로 각종 진단비를 보장받을 수 있는 보험을 추천한다. 실손의료비는 실제 쓴 병원비에 대한 가장 기본적인 혜택을 받을 수 있어서 좋지만, 실손 의료비에도 보상이 안 되는 부분들도 있기 때문에 추가적인 비용에 대비할 필요가 있다. 각종 주요 질환에 대한 발병률이 높아지고 있을 뿐만 아니라 만약 주요 질환으로 진단된다면, 장기적인 치료로 가정생활 및 직장생활이 불가능해지고, 소득 감소와 경제생활의 문제가 이차적으로 대두하기 때문이다.

뇌질환을 예를 든다면, 보통 진단을 받고, 입원·수술을 하게 되고, 장기간의 치료로 이어질 확률이 높다. 또 직장생활을 하지 못하게 되면서 바로 소득이 끊길 수도 있다.

후유증으로 신체의 어느 한 부분의 문제가 동반된다면, 간병의 문제도 발생하고, 그로 인한 비용도 발생할 수 있다. 질병에 좋다는 각종 치료와 약물, 식이요법까지 동원한다면 이로 인한 총비용은 기하급수적으로 늘어난다. 실손 의료비는 통원 횟수의 한도가 있고, 입원도 보상이 안 되는 면책기간이 있으므로 두 번째로 보험에 가입한다면 각종 진단비 보험을 추천한다.

보험 따라잡기 2. 진단비보험 가입 시 따져봐야 할 내용

진단비 보장 범위 확인

진단비를 얼마큼 확보할 수 있는지가 가장 중요하다.

최근 3대 질병의 위험률이 높아지면서 보험료가 상승하거나 일부 진단비는 보장을 축소하는 움직임이 있다. 암의 경우 발생률이 높은 암들은 소액 암으로 분류한다거나 보장한도를 축소하고 있기 때문에, 보장이 축소되기 전에 보장내용을 확인하고 가입하는 것이 유리하다. 의학기술 발달로 여러 질환의 조기발견이 가능해지고 치료법이 다양하게 나오고 있지만, 막대한 치료비에 대한 경제적 부담은 반대로 더 커져 가는 것이 현실이기 때문이다. 또한 암보험에서 최근 암 진단비를 1회만 지급하지 않고 2차암을 보장해주는 상품들이 쏟아져 나오기 시작했다. 암환자의 경우 2차 암(원발암, 전이암, 재발암)에 대한 위험이 높으므로 2차 암을 보장해주는 특약이 있다면 같이 가입하는 것도 좋다. 단 2차 암의 보장 개시 기간과 한도를 반드시 확인하고 가입해야 한다.

진단비와 더불어 입원비 수술비 등을 반복적으로 지급하는 상품인지도 확인할 필요가 있다. 큰 질병들에 대한 진단을 받으면 긴 기간을 입원하는 경우가 다른 질환에 비해 상대적으로 많을 수 있으니 그 부분도 함께 고려해서 상품을 선택하는 것이 좋다.

보장기간은 최대한 길게

불과 10년 전까지만 해도 각종 진단비 보험은 70~80세 만기인 상품이 대부분이있다. 아니 거의 전부 그런 보험밖에 없었다. 예전에는 암의 경우, 70세 이상의 노인들이 걸릴 확률은 낮았기 때문이다. 그러나 이제는 만기가 짧은 보험상품은 찾아보기가 힘들다.

평균수명의 증가로 100세 시대가 무색할 만큼, 최근에는 110세까지 보장한다는 보험도 출시되고 있다. 나이가 들수록 각종 진단에 대한 발병 확률은 높아지기 때문에 그에 맞춰 보장기간도 최대 길게 선택하는 것이 좋다. 다만 나이에 따라 한도가 정해져 있으니 한 살이라도 어릴 때 가입하는 것이 유리하다.

보험료 부담이 적은 비갱신형이 유리

보험은 갱신형과 비갱신형으로 나뉜다. 갱신형은 일정 기간마다 보험료가 갱신되어, 가입 당시에는 보험료가 저렴한 반면, 갱신 시마다 보험료가 인상될 수 있고, 보험료를 보장이 끝날 때까지 내야 한다. 이런 진단비 상품들은 상품마다 다소 차이는 있지만 진단 시 보험료를 납입면제해 주는 특징이 있기 때문에 보험가입 후 단기간 내에 진단이 된다면 유리할 수 있다. 그러나 장기적으로 봤을 때는, 보험료가 오르지 않는 비갱신형 상품이 유리하다. 특히 암보험의 경우, 암의 발병률은 점차 높아지고 있기 때문에 젊은 사람이라면 비갱신형으로 가입하는 것이 좋다.

책임 개시일, 감액 기간 확인

암보험의 경우, 보험가입 후 바로 보장이 개시되는 것이 아니다. 일반 암 기준은 90일이 경과해야 보장을 받을 수가 있다. 또한 90일이 지났다고 해서 가입금액만큼 진단비를 전부 받을 수 있는 것이 아니다. 가입 후 1년 이내 또는 2년 이내까지는 진단금의 50%만 주는 경우도 있다.

2대 진단비의 경우도 마찬가지다. 같은 보험에 가입한 두 명이 하루 차이로 한 사람은 4천을 받고 한 사람은 2천을 받을 수도 있다. 따라서 진단비보험 선택 시에는 반드시 책임개시일과 더불어 감액 기간을 확인해야 한다.

3) 세 번째, 가족을 지키는 종신(정기)보험

흔히, 사망을 담보하는 보험, 종신보험이 무슨 필요가 있느냐고 반문한다. 살아 있을 때 보장받아야지 죽어서 보장받으면 무슨 소용이 있겠냐고 덧붙인다.

사망을 주로 담보하는 종신보험은 가족의 주수입원인 가장이 조기에 사망했을 때, 경제적인 어려움을 피하기 위해 가입하는 것이다. 따라서 종신보험은 나를 위한 보험이 아니라 나를 의지하고 있는 내 가족을 위한 보험이라 할 수 있다. 갑작스런운 가장의 사망은 남은 가족의 경제적 파탄으로 이어질 수 있다.

가입 시 가장 먼저 고려해야 할 것은 자신의 재정 상황을 반영한 재무상태를 점검하는 것이다. 사망 시 가족의 필요자금은 보통 가장의 연 소득 6~8배 수준에서 사망 시 받게 될 금액을 결정하는 것이 좋다. 종신보험은 장기간 고액의 보험료를 납입해야 하는 보험이기 때문에 경제적 여력 등을 필수로 고민해야 한다.

4) 네 번째, 오래 사는 위험에 대비하는 연금보험

요즘 연금보험 하나 가입 안 한 사람은 드물다. 사회 초년생이 가장 먼저 해야 할 일이 연금보험에 가입하는 것이라는 말이 들릴 정도이다.

질병과 사고에 대한 보장을 어느 정도 준비했다면 오래 사는 것에 대한 대비가 필요하다. 오늘날에는 의학기술 발달과 식생활, 여가 환경의 변화, 운동 등으로 평균수명이 빠르게 증가하고 있다. 누구나 은퇴 후의 삶을 걱정하고 그 이후의 삶을 얼마나 인간답게 잘 살 것인지를 고민해야 하는 시대에 살고 있다.

우리나라에서 1989년 시행한 제1회 경험생명표는 남자의 평균수명을 65.8세, 여자의 평균수명을 75.6세로 보았다.

평균수명의 증가로 연금가입자의 경우 더 오랜 기간 연금을 수령할 것이다. 이 때문에 연금의 수령액은 점차 줄어들 것이다. 경험생명표가 바뀐다는 말이 전해지면 얼른 연금보험부터 가입하라는 기사들이 쏟아져 나온다. 경험생명표가 바뀌면 그만큼 연금 수령액은 적어지기 때문이다. 같은 보험료를 내고도 5년 전 가입한 사람과 연금수령액이 크게 차이가 날 수 있다. 그래서 하루라도 빨리 연금 보험에 가입해야만 같은 돈을 내고도 연금을 더 받게 되는 것이다. 개인적으로 이에 전적으로 동의한다. 대학 초년생 때, 만약 그게 어렵다면 이제 막 직장생활을 시작한 사회 초년생에게 연금보험에 하루빨리 가입하라는 말을 전하고 싶다.

보험가입 순서

실손의료비보험 … 암, 2대진단 등 각종 건강보험 …

종신(정기)보험 … 연금보험

추가로 더 가입을 원한다면?

치매 간병보험, 소득보상보험 등

보험금 청구는
이렇게
(보험금심사과정)

1) 청구 절차

보험사마다 보험금 청구 시 필요서류가 있다. 보통은 진단명이나 사고에 따라 필요서류가 나뉘는데, 매번 청구 시 동일서류를 제출하는 것은 아니다. 만약 약관에 명시한 것에 해당하지 않는 경우에는 해당 보험사 콜센터로 필요서류가 무엇인지 문의하거나 담당 설계사를 통해 확인한 후 제출하면 된다. 서류를 모두 제출하였다고 피보험자의 역할이 끝나는 건 아니다. 추후 부족한 서류나 추가서류를 더 요청할 수도 있기 때문이다.

보험금 청구 서류를 제출하면 보통 접수가 되었다는 문자가 발송된다(보험사마다 상이). 약관상으로는 3영업일 이내에 보험금 지급과 관련하여 보험사로부터 연락이 오거나 해당하는 보험금이 보험금 청구서류에 기재한 계좌로 지급된다. 2015년 3월부터는 소액 보험금 청구 시에는 서류가 간편해진다. 10만 원 미만 소액보험금 청구 시에는 병원의 영수증과 처방전만으로 청구가 가능해진다.

2) 청구 시 주의사항

보험사의 홈페이지 또는 담당 설계사에게 청구서류를 확인하고 서류를 준비해야 한다.

통원한 경우라면 진료받을 때 담당 간호사나 병원 측에 미리 필요 서류를 얘기한다. 만약 입원 중이라면 필요서류를 먼저 확인하고 병원 측에 퇴원시 진단서나 입·퇴원확인서, 입원치료세부내역서 등을 발급 받을 있도록 요청해두어야 한다. 진단서나 소견서 등은 특히 담당 의사의 진료가 있어야만 발급받을 수 있기에 미리 요청이 필요하다. 그래야 퇴원 후 다시 병원을 찾아 서류를 발급받는 번거로움을 조금이나마 줄일 수 있다.

생명보험회사의 청구는 등기우편이나 직접내방, 담당 설계사를 통해 접수 가능하다. 보험금 청구서류를 작성하여 등기우편으로 발송하거나 담당 설계사를 만나 전달해도 된다. 본인이 아닌 타인이 청구하는 경우에는 위임장 등의 서류가 필요하다. 보험금 일정금액 초과 시에는 원본서류만 받는 경우도 있으니 사전에 확인이 필수다.

손해보험사는 홈페이지에서 보험금 청구 서류를 다운받아 작성 후 이메일로 발송하거나 콜센터를 통해 팩스 번호를 받아 서류와 함께 발송하면 된다. 원본으로 서류가 필요한 경우도 있으니 역시 확인이 필요하다. 설계사를 통한 접수는 대리인이므로 청구 시 위임장 등의 서류를 제출해야 한다.

청구 시 제출했던 모든 서류는 직접 가지고 있어야 한다. 원본을 제출했다면 꼭 사본을 가지고 있어야 한다. 혹시 누락되는 일이 발생할 수 있기 때문이다. 약관이나 가입설계서 등을 통해 자신이 직접 보험금이 어떻게 나오는지 알아둘 필요도 있다. 보험금 지급 내역에 대해서도 궁금한 점이 있다면 담당자에게 충분히 문의해야 한다. 설계사에게 전적으로 의지하기보다는 보상 담당자나 콜센터에 문의해서 스스로 보험금을 챙겨야 함을 잊지 말자.

3) 보험금 심사 프로세스 A~Z

보험금 청구 시 필수서류를 구비해 설계사를 통해서나, 직접 인터넷, 콜센터, 창구를 방문해 보험금청구를 하면 접수 후, 1차 담당자가 정해지게 된다. 이후부터 진행과정은 손보사와 생보사가 약간 다르다.

① 손해보험사

첫 번째 담당자가 해당 고객의 계약사항 등을 세세히 확인, 보험금 추산금액을 정해서 200~300만 원 미만인 경우(평균을 토대로 예시, 보험사마다 상이) 소액팀에서 처리하고, 그 이상인 경우는 본사 손해사정팀(지급심사팀)에서 처리한다. 손보사는 실손에 대한 보상이 많기 때문에, 소액 다건 처리가 많다는 점, 예를 들어 200만 원 미만 건에 대해서는 손해사정회사, 즉 제휴법인에 위임해서 심사를 처리하는 경우가 대부분이다. 만약, 손해사정 관련 자회사를 가지고 있는 보험사라면 자회사에서 소액 건 심사를 하게 된다.

② 생명보험사

접수된 건은 손보사처럼 특별히 손해사정회사에 소액심사를 맡기지는 않고, 본사의 손해사정팀에서 직접 소액 건, 고액 건을 처리한다. 두 번째로, 청구 시 제출한 서류 확인을 하고 추가 서류가 필요하면 계약자 또는 피보험자에게 추가요청을 하여, 최종 받은 서류를 검토하고 특이사항이 없으면 3일 이내(영업일 기준) 보험금을 지급한다. 반대로, 보험금 지급사유에 해당하지 않는다면, 그에 대해 안내를 하고 종결한다.

그러나 보험사고 조사가 필요하다고 판단되는 경우, 예를 들어 진단이 애매할 경우(진단비 특약이 있을 시 확정진단 or 임상적 추정 확인), 후유장해 진단확인, 서류상 질병에 대한 추가적인 확인 사항이 필요할 경우, 과거 병력 확인(고객별로 수많은 케이스 포함) 등이 필요하면 손해사정회사에 조사를 위임한다. 여기서 사고조사를 하는 첫 번째 사유는 청구한 진단병명의 확인을 위해서이다.

고객과 설계사들의 불만 중에 사고조사를 꼭 해야만 하는지가 꽤 있다. 보험금을 빠짐없이 제대로 냈고, 보험기간 중 질병이나 사고로 진단을 받아 청구했는데, 조사가 필요하다고 하면, 기분 좋게 응하는 고객은 별로 없다. 더구나 심각한 병환 중인 경우는 상태가 좋지 않은데다가, 이것저것 신경 쓸 것이 많아 심적 고통마저 크다. 조사 목적 90%는 진단된 병명의 확인을 위해서 하는 것이다. 보험금 심사 시 정확한 확인을 하지 않고 대충 보험금을 지급한다면, 당장 보험금 지급받는 것은 이득이 될지 모른다. 그러나 추후 상품 개발 시 또는 갱신형특약의 경우, 보험금 지급이 많았던 질병이나 사고에 대해서는 보험료가 대폭 상승할 것이다. 이는 고스란히 고객의 보험료가 오르는 것으로 귀결된다. 수지상등의 원칙이라는 게 있다. 고객이 낸 보험료와 고객이 보험금 청구 시 보험회사가 주는 보험금은 같아야 한다는 이론이다. 보험금이 많이 나간다면 그만큼 보험료가 오른다는 뜻이다. 보험료가 높다면 누구도 선뜻 보험에 가입하기가 어려울 것이며, 결국 공보험을 도와 우리나라 가정경제의 축을 이루는 민영보험은 서서히 그 자리를 내놓아야 할지도 모른다. 비약적인 추측일지 모르나 충분히 있을 수 있는 일이다.

사고조사가 시작되면 그 사건의 위임을 받은 손해사정회사의 조사자가 직접 고객(계약자, 피보험자 등)을 만난다. 고객 본인(피보험자-보험대상자) 명의로 된 필요서류를 요청받아, 사고의 경위, 진단 확인, 과거병력 확인, 경찰서, 소방서 등 확인(필요한 경우)을 하게 된다. 간혹 고객과 동반해 병원 담당의사를 만나야 하는 경우도 생긴다. 최종 서류가 취합되면 보험금 지급 여부(면부책)를 판단하게 된다.

보험의 보상 기준 첫 번째는 보험기간 중에 발생한 사고이다. 보험기간 중 발생한 사고나 질병이라면 보상을 받고, 그렇지 않은 경우는 보험금을 받을 수 없다. 혹 가입 전 진단이나 치료받은 질병을 당해 보험가입 시 알리지 않았고, 그것이 가입 후 청구한 진단과 인과관계가 있다면 보험금이 삭감되어 지급 또는 부지급 될 수 있다(계약 전 알릴 의무 위반의 효과 – 보험 계약자나 피보험자는 청약 시 회사가 서면 또는 통신매체를 통해 질문한 사항에 대해 사실대로 알려야 하며, 위반 시 보험계약의 해지 또는 보험금 부지급 등 불이익을 당할 수 있다).

또한 가입 전 진단받은 내용이 청약 시 알렸어야 할 중요한 사항, 즉, 당시 사실을 알렸더라면, 적어도 같은 조건으로 계약을 승낙하지 않았거나 보험가입금액 한도제한, 일부 보장 제외, 보험금 삭감, 보험료 할증과 같이 조건부로 인수하는 등 계약에 영향을 미칠 수 있었기 때문에, 사고조사 후 향후 계약사항에도 영향을 미친다. 따라서 계약이 부담보로 유지되거나 해지 될 수가 있다(계약 전 알릴 의무 위반의 효과 적용).

보험금 청구 후 심사는 대략 이런 식으로 진행된다. 보험회사는 약관에서 정한 지급 기준에 부합되어야 보험금을 지급한다.

그래서 첫째로 보험금 청구 시 고객이 제일 먼저 따져봐야 하는 부분이, 보험금 지급에 관한 약관내용이다. 사실 약관의 내용이 어렵고 애매한 부분들이 있다. 계약 시 담당 설계사가 설명해주는 부분이 있기는 하나, 전체 약관을 설명하는 것이 아니기 때문에 반드시 한계가 있기 마련이다.

그러나 보험은 한두 번 사용할 작은 소모성 물건을 사는 것이 아니다. 10~20년 길게는 100세까지 이용할 중요한 물건을 할부로 사는 일이다. 그만큼 신중하게 따져 살펴보고 구매해야 하며, 어떤 상황에서 제대로 보상받을 수 있는지 꼼꼼하게 확인해 두어야 한다. 내 권리를 주장하는 것도 어느 정도 내용을 알아야 정당하게 주장할 수가 있다. 기쁜 소식은, 2014년부터는 보험약관 또한 착해졌다. 그동안 고객이 이해하기에 난해했던 보험약관은 고객의 평균적 이해를 돕지 못했다는 점을 반영해 표준약관을 알기 쉽게 변경했다. 보험약관에 적힌 암호 같았던 용어들을 고객이 이해하기 쉽고, 불합리·불명확한 점들이 명확해지며, 고객의 관심이 많은 사항 위주로 약관의 구성순서를 재편했다. 한꺼번에 여러 가지 제도를 전면 개편할 수 없지만, 시대변화, 고객의 목소리를 반영했다는 점에서 큰 의미를 가진다. 소비자와 가깝지 못했던 보험, 어려운 보험이 이제 우리 생활 속 깊숙이 들어오며 점점 더 소비자와 가까워지고 있다.

보험 따라잡기 3. 보험회사의 사고조사

보험사고의 조사 및 손해의 사정

보험사고를 접수한 보험회사는 보험사고에 대해 의료기관 또는 국민건강보험공단, 경찰서 등 관공서에 서면에 의한 조사를 요청할 수 있습니다. 보험사고를 접수받은 보험회사는 보험사고를 직접 조사할 수도 있고 해당 손해사정업무를 담당하거나 보험금을 심사할 손해사정사를 지정하여 조사할 수도 있습니다.

손해사정사 또는 손해사정법인은 손해사정업무를 행한 후 즉시 계약자에게 손해사정서를 발급하고, 그 중요한 내용을 알려야 하며, 이해관계자들의 이익을 부당하게 침해하는 등의 금지행위를 해서는 안 됩니다.

생명보험 및 질병·상해보험

보험사고를 접수받은 보험회사는 지급사유의 조사나 확인이 필요한 경우 의료기관 또는 국민건강보험공단, 경찰서 등 관공서에 서면에 의한 조사요청을 할 수 있는데 보험계약자, 피보험자 및 보험수익자(이하 '보험계약자등'이라 한다)는 이에 대해 동의를 해야 합니다[「보험업감독업무시행세칙」(금융감독원 2014. 2. 19. 발령, 2014. 4. 1. 시행) 별표 15. 생명보험 표준약관 제8조제1항, 제5항 본문 및 질병·상해보험 표준약관 제8조제6항 본문].

보험계약자 등이 정당한 사유 없이 이에 동의하지 않을 경우 사실확인이 끝날 때까지 보험회사는 보험금 지급지연에 따른 이자를 지급하지 않을 수 있습니다(「보험업감독업무시행세칙」 별표 15. 생명보험 표준약관 제8조제5항 단서 및 질병·상해보험 표준약관 제8조제6항 단서).

출처: 국가보험법령정보처

해지해야 하나, 말아야 하나?

"언니, 작년에 보험 가입한 게 있는데, 요즘 지출이 많아져서 보험료 내는 게 너무 부담스러워. 그때 좀 적은 금액으로 할 걸 그랬나 봐. 다른 데서 좀 지출을 줄여보려고 했는데, 그럴만한 곳이 없네. 그래서 보험계약 해지하려고. 해지하고 그동안 냈던 돈 받아서 적금으로 묶어두려고…"

"아니야, 보험 계약은 해지하면 내가 그동안 냈던 보험료 다 돌려받지 못해."

"왜? 내가 낸 돈이 총 200만 원가량 되는데 보험 해지하면 당연히 다 돌려줘야 하는 거 아냐? 앞으로 보장받지 않겠다는 것인데, 무슨 그런 법이 있어? 이런 거 알았으면 그냥 적금이나 가입했지, 뭐하러 이렇게 많이 주고 가입했겠어?"

보험은 만기 전에 해지한다면 그동안 납입했던 돈을 다 돌려받지 못하고 그중 일부만 돌려받는다. 흔히들 보험을 은행의 저축과 비교를 하곤 한다. 아직도 보험과 저축을 혼동해 가입하는 사람들도 있다. 그러나 보험과 저축은 엄연히 다르다. 태생 자체가 다르다.

보험은 인생에 있어서 혹시 모를 여러 위험에 처했을 때 경제적 손실에 대한 도움을 받기 위한 위험의 전가 목적으로 가입을 하는 것이고, 저축은 말 그대로 일정 부분 금전을 저축해서 내 자산을 모으기 위한 것이다.

한번 가입한 보험은 웬만하면 해지하지 않는 것이 좋다. 매달 내는 보험료 일부는 사업비로 미리 사용하는 구조이므로, 가입 후 2~3년 이내에 해지하면 돌려받는 금액이 거의 없다. 나중에 보험계약을 해지할 일이 생길 것 같으면 처음부터 계약을 하지 말아야 한다.

자신의 경제적 상황은 고려하지 않은 채, 좋은 상품이라는 말에 현혹되어 앞뒤 안 가리고 가입하면 보험료만 날리는 결과를 얻을 수 있다.

가끔 일부 설계사와 소비자는 보험도 리모델링이 필요하다는 말을 한다. 보험도 시대변화에 따라 진화하고 있으니 리모델링도 적절히 이용하면 도움이 된다. 그러나 보험은 손해율이라는 것을 반영하기 때문에, 예전에는 보상을 했던 항목을 보험금 청구가 많아지면서 근래에는 보상대상에서 제외한 경우도 많고, 보장의 크기를 현저하게 줄인 상품도 많다.

예를 들어 16대 질병 수술비·입원비나 부인과질병 수술비·입원비 등은 손해율이 높아 현재는 판매하는 회사돌이 없다. 그야말로 추억 속으로 사라진 특약이다. 이런 보장을 하는 상품을 가지고 있는 경우에는 보험을 해지하고 다른 상품에 가입한다면 손해를 볼 수 있다.

따라서 가지고 있는 보험이 혹시 만기가 짧거나 하는 경우에는 추가로 가입하는 것으로 리모델링을 해야지, 있는 계약을 해지하는 것으로 리모델링하는 것은 옳지 않다.

2장

손해 보지 않는
기초보험금 상식

잠자는
'병원 영수증'도
다시 보자

B씨는 36세 여자로 아이 둘을 낳고 전업주부로 생활하고 있다.

어느 날 갑자기 우측 아랫배에 바늘로 찌르는 듯한 통증이 느껴지더니 하루가 지나자 호전됐다. 최근 집안일을 무리하게 한 후로, 골반이 아프구나 하고 대수롭지 않게 생각하고 넘겼다. 다음 날이 되니 또다시 같은 부위에 같은 증상이 나타났고, 전날보다 통증이 오래가면서, 일주일 이상을 움직이지 못할 정도로 통증에 시달렸다.

살짝 불길한 예감이 들어, 동네 내과에 들렀다. 내과에서는 엑스레이상 별다른 이상이 없다고 하고 진통제만 처방했다. 약을 복용했지만 통증은 나아지기는커녕, 하복부뿐만 아니라 허리까지 이어졌으며 밤에는 잠을 못 잘 정도로 극심해졌다.

딸의 통증을 보다 못한 친정엄마의 권유로 B씨는 부인과병원에 내원해 각종 검사를 받았다. 초음파 검사, 혈액검사, 자궁 세포진 검사(주로 암 검사 방법) 등을 받았지만, 부인과 전문의의 답변은 모두 정상이었다. 담당의는 좀 더 큰 병원에 가서 정밀검사를 해보기를 권유했다. 집

근처 유명하다는 3차 병원에 의뢰서를 들고 내원하여 1, 2차 병원에서 보다 더 정밀하게 검사를 받았다. 3차 병원이라 그런지 검사받은 후 결과를 보는 날도 멀고, 시간이 갈수록 마음은 더 초조해졌다. 그도 그럴 것이 통증은 이제 복부를 넘어서 손바닥, 손가락, 발까지 타고 내려온 듯했다. 온몸의 통증은 간단한 집안일도 못 할 정도로 심해져 가고 있었다.

총 한 달이라는 기간 동안 B씨는 점점 초초해져 갔다. 원인을 알 수 없다는 것이 마음의 불안을 더 부추겼으며, 최근 주위에 암환자들이 많아지면서, 혹시나 암 등 불치병일 수도 있다는 생각이 머릿속을 떠나질 않았다. 그동안 검사비용 만으로만 200만 원 가까이 소비했고, 불면증에 정신도 혼미해져 극심한 우울증세까지 오는 것 같았다.

결국, 보다 못한 친구의 추천으로 류머티즘 내과에 예약을 했다. 3차 병원 중 예약 후 실제 진료시간까지의 기간이 제일 길다는 A병원의 류머티즘 내과, 담당 교수로부터 들은 진단은 섬유근육통. 처음 들어보는 진단명에 어리둥절해하는 B씨에게 의사는 세세히 설명했다.

섬유근육통은 원인이 밝혀지지 않은 질병이다. 전인구의 3%에서 많게는 6%까지 겪는 질환으로 여성환자가 90% 이상이다. 처음 통증이 시작되면 대부분 산후풍으로 오인해, 몸조리를 잘하는 관리수준에만 관심을 기울인다. 통증이 계속되고 무력감, 피로감, 온몸의 뻣뻣한 등의 증상마저 나타나면 그때야 검사를 해 진단받는 경우가 많다. 통증은 한 부위에서 시작해 온몸으로 이어진다. 정상인은 느끼지 못할 정도의 가벼운 통증도 섬유근육통 환자들은 크게 느낀다. 이 질환은 신경전달 호르몬의 이상으로 발생하는 병이기 때문에 통증 자극에 민감하다. 밤에도 잠을 설치는 경우가 다반사이며 피로감을 동반하기 때문에 직장 생활, 일상생활도 정상적으로 할 수 없을 만큼 통증이 심하여, 보통 이 환자의 30% 이상은 항우울제 처방을 받을 정도다.

그제야 자신을 괴롭히던 병이 무엇인지 정확히 알게 된 B씨는, 잠깐의 안도감도 있었지만, 지금껏 여러 병원을 전전하며 다양한 검사비 명목으로 지출한 의료비 영수증이 생각났다. 이제부터 정신을 똑바로 차리고 치료에 전념해야 하는데, 200만 원이 넘어가는 영수증을 보니 앞으로의 치료비를 생각하지 않을 수 없었다.

아는 사람의 권유로 설계사를 통해 보험에 가입한 것이 생각났다. 보험에 가입하고 한 번도 보험금을 청구한 적이 없던지라, 영수증을 물끄러미 바라보다가, 일단 답답한 마음에 담당 설계사에게 전화했다.

자초지종을 설명하고 보험금을 청구하면 되느냐고 물었는데, 담당 설계사는 뜻밖의 말을 건네왔다. 각종 검사 받았던 내용 중 진단명이 없었던 건에 대해서는 실손의료비보험에서 보장이 되지 않는다는 얘기였다.

정확한 진단명 없어도 증상 있으면 보상

많은 고객과 설계사가 헷갈리는 부분이 이것이다. 병원에 내원하여 검사 후 정확한 진단명이 없는 경우는 보상이 안 된다고 생각하여 청구조차 하지 않는다. 진단을 받지 않아도 증상이 있어 내원해 검사와 진료받은 부분 등은 보상의 대상이 된다. 간혹 이런 경우는 초진기록지 등을 추가로 요청할 수가 있다.

반대로 검진의 목적으로 내원하여 받은 종합 검진은 보상의 대상이 되지 않는다. 증상의 유무가 의료비 지급판단의 기준이 되는 것이다. 다만, 이것을 악용하는 경우는 없어야겠지만.

몇 년 사이 실손의료비보험 가입률이 높아지면서 청구율도 그만큼 높아졌다. 똑똑해진 소비자는 보험지식이 풍부해서 제때 정확하게 보상을 받는 경우도 있지만, 대부분은 잘 몰라서 청구조차 하지 않는다. 청구권 소멸시효를 넘어서 청구하는 경우도 많다(올해 보험금 청구권 소멸시효를 3년까지 늘리는 상법개정안이 국회에서 통과되었다).

혹시나 보험금 청구를 못 하고 책상 서랍에 잠자고 있는 영수증이 있다면 다시 한 번 살펴보길 바란다. 어렵지 않다. 해당 보험사 콜센터를 통해서도 간단하게 보상 여부를 체크할 수 있으니 바로 전화 한 통 시도해 보길….

체크 포인트 ✔
정확한 진단을 받지 않아도, 즉 의증이어도 증상이 있어 내원해 검사와 진료받은 부분 등은 실손의료비 보상 대상이다.

하루
여러 차례
진료와 보험금

　25년을 주부로 살면서 정신없이 아이들 셋을 다 키우고, 이제 하루하루 자신만의 여유를 즐기면서 살아가고 있는 주부 이 씨.

　학창시절 그토록 배우고 싶었던 그림을, 결혼하고 아이를 키우면서 잊고 살다가, 나이 50이 다 되어서 배우기 시작했다. 오전엔 문화센터에서 그림을 배우고, 오후에는 수영과 꽃꽂이 강습에 바쁜 삶을 살고 있다. 그날도 평소처럼 구청에서 운영하는 문화센터에 그림을 배우러 가는 길이었다. 아침 식사 후부터 명치끝에 통증이 있었지만, 괜찮겠지 싶어 소화제만 한 알 복용하고 집을 나섰다. 센터 가는 길의 중간쯤 왔을까, 복통은 허리를 펴지 못할 정도로 점차 심해졌다. 급기야 식은땀에 주저앉기 직전, 지나가던 사람의 부축으로 인근 2차 병원 응급실에 내원했다. 진단명은 급성위염, 진통제와 링거를 꽂고 안정이 된 후 7일의 약 처방을 받은 후 병원을 나왔다.

　오늘은 집안일을 남편이랑 애들에게 맡기고 쉬기로 다짐하고, 집으로 돌아오는 길이었다. 어디선가 갑자기 날아온 공에 눈을 맞은 이 씨. 순간 정신을 잃고 주저앉았다. 시간이 얼마간 흘렀을까. 정신이 들고 나니 눈부터 시작해서 머리까지 통증이 시작되었다. 다른 부위도 아닌 눈이었고, 더구나 시야가 흐릿하고 뿌연 게 이대로는 안 되겠다 싶어 나왔던 응급실을 도로 찾았다. 응급실을 나간 지 얼마 되지 않아 다시 돌아온 이 씨를 걱정스럽게 바라보는 간호사에게 자초지종을 설명하고 검사를 받았다. 다행히 검사상 이상은 없었다. 진통제만 처방받아 응급실을 빠져나왔다.

주부 이 씨처럼 하루에 여러 과를 내원하는 경우, 동일사고가 아닌 각기 다른 사고로 병원에 내원하여 치료를 받는 경우 실손의료비보험에서는 어떻게 지급이 될까.

실제 우리나라의 실손의료비보험 가입률은 생각보다 높다. 보험가입 시 가장 먼저 가입해야 할 상품으로 실손의료비보험을 꼽고, 설계사도 상품 설명 시 제일 먼저 권유하는 보험이 바로 실손의료비보험이다. 보험은 크게 실손보험과 정액보험으로 나눌 수 있는데, 정액보험은 실제 쓴 의료비와 상관없이 정해진 금액만큼 보상하는 것이고, 실손 보험은 말 그대로 실제 손해 본 만큼 보상하는 보험이다. 그만큼 의료비 청구율도 점차 높아지고 있으나, 청구 시에는 여러 문제로 헷갈리는 경우가 많다. 실손의료비 보장 약관의 한 부분을 살펴보면, 피보험자(보험대상자)가 질병 또는 상해로 인하여 병원에 통원하여 치료를 받거나 처방조제를 받은 경우에는, 통원의료비로서 매년 계약해당일로부터 1년을 단위로 하여 외래(외래 제비용, 외래 수술비) 및 처방 조제비를 각각 보상한다고 명시되어 있다. 즉, 각각 사고에 대하여 가입금액의 한도만큼 따로 보상한다는 것이다.

그러나 각각의 질병 또는 상해로 통원 치료 시에는 각 가입금액의 한도만큼(예: 각 질병당 5천, 각 상해당 5천) 기본공제금액(의료법으로 분류한 종합병원, 의원, 병원, 요양병원 등에 따라 최고 2만 원~1만 원과 보상대상의료비의 20% 중 큰 금액공제, 처방 조제비는 8천 원과 보상대상의료비의 20% 중 큰 금액 공제)을 제외한 나머지 부분에 대해서는 지급한다. 따라서 하루 동안 감기로 이비인후과에 내원하여 치료를 받아도 실손의료비에서 해당 금액만큼(약관에서 정의하는 본인부담금 10~20%를 뺀 나머지)의 보험금이 지급되고, 같은 날 위염으로 내과 치료를 받아도 각각 공제금액을 제외하고 보상이 된다는 말이다.

또 다른 경우는 하루에 동일한 질병으로 의원부터, 상급병원까지 내원하는 경우가 있다. 하나의 질병으로 인해 하루에 같은 치료를 목적으로 병원에 2회 이상 통원 치료 시 1회의 외래 및 처방으로 간주하여 적용한다. 예를 들어 동네 의원에 내원하여 치료를 받았는데, 의사가 상급 병원에서 가서 검사를 받아볼 것을 권유해서 2차 또는 상급종합병원에 가서 치료를 받았다면 두 병원의 의료비를 합산하여 한도만큼 지급한다. 이 경우 보험회사에서 공제하는 금액은 두 병원 중 가장 큰 병원의 공제금액만 차감 후 지급한다.

예를 들어, 하루 동안 위염으로 동네 의원에서 1만 5천 원, 3차 병원에서 5만 원을 의료비로 썼다면, 총지출 의료비는 6만 5천 원이다. 실손 의료비에서는 이 총 금액에서 3차 병원의 공제금액인 2만 원과 보상대상의료비의 20% 중 큰 금액인 2만 원을 공제하고 4만5천 원이 지급된다. 만약 2017년 4월 이후 실손보험이고 비급여 도수치료·체외충격파·증식치료, 비급여주사제, 비급여 MRI/MRA 검사비를 낸 경우라면 이 특약을 추가로 가입했는지를 확인해야 한다. 추가 실손특약은 본인부담비율은 최대 30%나 2만원 중 큰 금액을 공제하고 입·통원 구분 없이 특약1(도수치료·체외충격파·증식치료)은 350만원에 년50회 한도, 특약2(비급여주사제)는 250만 원에 연 50회 한도, 특약3(MRI/MRA 검사비)은 300만 원 한도로 횟수 제한이 없다.

참고로 실손 입원의료비에서 한 질병당 5천만 원, 3천만 원 한도로 보장해 준다고 하는 의미는, 한 질병이나 상해사고로 입원 시 5천만 원을 준다는 것이 아니다. 한도를 정해 놓은 금액 안에서 지급한다는 뜻이다.

혹시 한 번, 두 번 내원해서 치료받았는데, 모르고 청구하지 않은 영수증이 있다면 이제라도 청구하면 된다. 그동안 보험금 청구는 보험사고 발생일로부터 2년 이내에 청구하지 않으면 보상받을 수 없었다. 그러나 2014년에 보험금 청구권 소멸시효를 늘리는 상법개정안이 국회에서 통과되면서 2015년 2월 20일부터 체결한 계약부터는 보험금 청구권 소멸시효가 3년으로 변경되어 적용되고 있다.

하루에 이비인후과의 감기 치료와 내과의 위염 치료를 두 번 받았다면 각각 공제금액을 제외하고 보상이 된다. 또 하루에 동일한 질병으로 의원부터, 상급병원까지 내원했다면, 이는 1회의 외래 및 처방으로 간주하여 적용한다.

예상치 못한
약물 부작용과
'상해사고'

　보험을 이해하려면 우선 보험에서 보상하는 부분에 대해 크게 두 가지 개념의 이해가 필요하다. 보험에서 보상할 때는 크게 질병사고와 상해(재해)사고로 나뉜다. 이것은 보험상품을 만들 때에도 중요 사안이지만 보험금을 지급할 때에도 중요하게 살펴봐야 하는 부분이다. 생명보험사, 손해보험사 모두 상해(재해)담보를 가입할 수 있고, 이 때문에 보험금 지급 시 상해와 질병의 구분이 더욱더 중요할 수밖에 없다.

　질병사고는 크게 상해(재해)를 제외한 나머지를 질병으로 보지만 상해(재해)는 상해로 인정되는 특정요건이 딱 맞아 떨어져야만 상해사고로 본다. 손해보험사의 상해사고의 요건은 급격성, 우연성, 외래성으로 한정(제한)한다.

　'급격'이라 함은 결과의 발생을 피할 수 없을 정도로 급박한 상태를 의미한다. 예를 들이 유독가스나 유독물질을 일시에 흡입, 흡수 또는 섭취하였을 때 생긴 중독 증상이 해당한다.

　우연성은 보험사고의 핵심적인 필요조건으로 원인 또는 결과의 발생이 예견되지 않은 상태를 말한다. 우연성 인정 사례는 정당방위, 긴급피난, 정당행위 등이다.

외래성은 보험사고의 원인에서 결과에 이르기까지의 경과에 있어 어떠한 외부적 요인이 신체에 영향을 미치는 것, 신체의 상해 발생 원인이 피보험자의 신체에 내재하는 것이 아니고 외부에 있는 것이다. 무거운 물건을 들다 허리를 다친 경우가 이에 해당한다고 볼 수 있다.

상해사고 인정은, 사고와 피보험자의 신체 상해 사이에 인과관계가 성립하여야 상해보험의 보험회사에 책임이 발생하며, 이때 인과관계의 적용은 통상 상당인과관계설에 따른다.

생명보험사의 재해사고는 우발적인 외래의 사고인 경우에 해당되며 보험금을 지급한다.

박 씨는 50대 남자로 결핵을 진단받고 2년여간 결핵약을 단계적으로 1, 2차에 나누어 처방받아 복용하는 중이었다.

처음 처방받았던 약은 초반에는 잘 맞는 듯하였으나, 점차 내성이 생길 수 있다 하여 이를 방지하기 위하여 2차에는 담당의가 약물을 바꿔서 처방하여 복용했다. 결핵 치료를 위해서는 약물의 장기복용이 필수적이며 항균작용 증강, 내성균 방지, 부작용 경감을 목적으로 2~3종의 약물을 병용하며, 때로는 사용하던 약물을 바꿔야 하는 경우도 생긴다. 사람에 따라 다르지만, 박 씨는 2차 약물 변경을 거쳐 3차까지 약을 바꿔 복용해야 했다. 늘 그랬듯이 의사는 약물에 대한 부작용을 꼼꼼하게 설명해줬다. 박 씨는 의사의 처방대로 꾸준히 3번째 약물을 장기간 복용했다.

그런데 어느 날부턴가 한쪽 눈이 자꾸 흐릿하게 보이기 시작한 박 씨는 증세가 심해지자 병원을 찾았다. 박 씨가 의사로부터 들은 진단은 장기간 결핵약 복용으로 인한 한쪽 눈의 실명진행 단계라는 것.

어느 약물이나 그렇듯이, 약이라는 것은 먼저 발병한 병의 치료를 돕기 위해 복용한다. 그러나 자칫 약을 오남용 하면 심각한 부작용이 생길 수도 있다. 약물은 대부분 화학제로서 그 병변의 진행을 막거나 세균 등을 없애려는 것인데, 그렇다 보니, 다른 정상 세포에도 영향을 미쳐 부작용을 일으킬 수가 있다. 그래서 약은 하나는 얻지만 하나를 잃는다는 말이 있다. 대표적인 약물 부작용 사례로는 암으로 인한 방사선 항암치료이다.

박 씨의 경우에는 의사의 처방대로 약을 잘 복용하였는데도 약물 부작용이 있었고, 이런 약물 부작용을 재해사고로 볼 수 있는가에 초점이 맞춰진다. 이런 경우는 어떻게 보상이 될까?

판례는 다음과 같이 결론지었다.

"약물 부작용으로 인한 상해는 약물 복용의 효과가 계속 누적됨으로써 어느 시점에 나타나는 것이 일반적이고, 그 부작용을 예상할 수 없었던 사람의 처지에서는 급격하게 생긴 것으로 볼 수 있고, 의사로부터 설명을 듣는 등의 경로를 통해 이러한 약물 부작용을 예견하였거나 예견할 수 있었냐고 볼만한 사정을 찾기 어렵다면 재해에 해당한다."

서울고법 2004.7.9. 2003나37183

모든 약물의 부작용이 상해(재해)로 인정되는 것은 아니다. 지금도 약물 부작용과 관련하여 보험금 지급 여부에 대한 여러 사례가 쏟아져 나오고 있지만, 전후 사정과 그에 대한 구체적인 내용에 따라서 보험금 지급이 결정된다는 사실을 알아야 한다.

참고로, 상해(재해)사고냐 질병사고냐의 구분에 따라 보상하는 부분들이 결정되며, 그에 따른 보험금 또한 다르게 지급될 수 있다.

체크 포인트

"피보험자는 벌에 쏘인 후 병원으로 가는 도중에 사망하였고, 그 시간적 간격이 1시간여밖에 되지 않으며, 그 사이에 피보험자를 사망에 이르게 할 만한 다른 외력이 가해졌다거나 혹은 평소 피보험자에게 갑작스러운 사망을 불러올 수 있는 치명적인 질병이 있었다는 아무런 흔적이 없는 이상, 피보험자는 벌에 쏘인 것이 원인이 되어 사망에 이르게 된 것이라고 볼 수밖에 없다."

(춘천지법-영월지원 2001.2.9.2000가합81)

성형외과 치료는 모두 부지급?

 낮이나 밤이나 늘 인파로 북새통을 이루는 강남역 부근. 가장 눈에 띄는 것은 다름 아닌 성형외과 광고 사진이다.

 광고 사진을 보면 성형 전과 성형 후의 모습이 완전한 '딴판'으로 바뀌어, 우리나라의 성형외과 의사들은 '신의 손'이라는 감탄을 자아내게 한다. 더구나 중국과 일본에서는 우리나라로 오는 성형 관광이 유행한다니 광고를 본 여자라면 한 번쯤 가서 상담받고 싶은 충동이 절로 인다. 요즘엔 성형이 부끄러운 일도 아니며, 여자들만의 전유물도 아니다. 많은 남성도 필요하다면 성형을 할 수 있다고 생각하는 것으로 나타나기도 했다.

 중소기업의 경영지원팀에서 일하고 있는 강 대리는 직장생활 3년 차이다.

 회사의 위치는 강남 한복판, 아침, 점심, 저녁 항상 인파로 붐비는 거리다. 출근길 버스를 타고 이동할 때, 한두 번 막히는 구간에서 지나가는 옆 버스의 광고판에는 항상 ○○성형외과, before와 after의 사진에서 확 바뀐 여자들의 얼굴이 보인다. 그때마다 그는 왠지 모를 대리만족을 얻으며, '저 정도라면 수술할 만하겠구나' 하던 수준에서 점차 '나도 수술하고 싶다' '나도 저렇게 될 수 있다'는 마음으로 발전해갔다. 격하게 공감대를 이끌어낸 배경은 사실, 강 대리는 어릴 때부터 심하게 튀어나온 광대뼈로 '광대강'이라는 별명을 달고 살았기 때문이다.

그토록 기다리던 여름휴가, 대학교 때 여자 동기들과 여름휴가 일정을 맞춰서 함께 해외 여행을 가기로 한 강 대리, 해마다 그들은 남자친구들과의 로맨틱한 해외여행을 꿈꾸지만 다들 아직껏 솔로로 지내오고 있다.

이번 휴가는 동화 속의 나라로 알려져 있는 유럽의 네덜란드로 5박 6일 일정을 준비했다. 고등학교 때부터 가고 싶었던 튤립과 풍차의 나라, 그런데 강 대리는 뜻밖의 결정을 내린다. 이번 휴가는 환골탈태를 위한 나만의 휴가로 보내고야 말겠다는 것.

바로 강남의 유명한 A 성형외과에 광대뼈 축소수술 및 코 성형수술, 자가지방 이식술까지 광범위한 성형수술 예약을 잡는다.

갑작스러운 성형수술 계획에 친구들은 불안해졌다. 강 대리의 깊은 콤플렉스는 익히 알고 있던 터지만, 누가 봐도 성형프로그램에나 나오는 대수술이었기 때문이다.

강 대리는 예정대로 여름휴가에 맞춰 수술을 받았다. 예뻐지는 고통은 생각보다 혹독했다. 수술 후 자리를 잡아가던 얼굴에 서서히 염증이 생기기 시작했다. 얼굴에 계속 홍조도 사라지지 않았으며, 통증도 시작되었다. 다시 병원을 찾은 그는, 이후 부작용으로 광대뼈에 대한 수술을 두 번이나 더 해야 했다. 그때마다 수술 의사는 다 달랐다. 또한 수술동의서란 부작용 부분의 확인사항이 늘어갔다. 이쯤 되니 강 대리는 믿고 맡겼던 의사에 대해 불신이 생기기 시작했고, 결국은 진료기록을 모두 발급받아 대학병원의 한 성형외과를 찾아 재수술을 받고 그때야 부작용이 사라졌다. 지금까지 쓴 병원비는 총 3천만 원. 성형외과의 치료는 모두 비급여, 본인부담이다.

강 대리가 받은 성형수술, 그리고 후유증과 합병증으로 치료받은 치료비용은 실손의료비에서 보상이 될까?

일반적으로 다수 사람이 가입한 실손의료비보험은 본인부담금을 공제하고 지급을 한다. 즉 내가 쓴 병원비를 일정 한도 내에서 실제 쓴 만큼 보상해주는 것인데, 여기서 중요한 것은 질병이나 상해(재해)로 치료를 받는 부분만 보상해 준다는 것이다. 예를 들어 전신의 허약, 몸의 보신 등을 위한 치료는 보상이 되지 않는다.

보험가입 후 약관에서 잘 살펴보아야 하는 부분이 바로 실손의료비 내 보상하지 않는 손해이다. 실손의료비 공통약관의 질병 입·통원의료비의 보상하지 않는 손해 부분을 보면, 성형으로 수술한 부분은 보상 대상에서 제외한다고 명시되어 있다. 성형은 잘 알고 있는 것처럼 질병이 아니다.

따라서 강 대리가 지불한 미용 목적의 성형 관련 치료 비용과 그로 인한 합병증 치료비 등은 실손의료비에서 지급 대상이 되지 않는다.

그렇지만 성형외과 치료라고 모두 보상받지 못하는 건 아니다. 질병이나 상해(재해)로 발생한 병 때문에 성형외과에서 수술이나 치료를 받는다면, 이는 보상 대상이 될 수도 있다. 어떠한 진단에 대한 성형외과 치료는 자의에 의한 성형 목적과는 다르기 때문이다.

체크
포인트

성형외과 치료라고 모두 보상받지 못하지는 않는다. 질병이나 상해로 발생한 병 때문에 성형외과에서 수술이나 치료를 받는다면, 이는 보상 대상이 될 수도 있다.

보험금 지급은 감면된 병원비, 감면 전 병원비?

'지금부터 30% 세일, 1+1'

대형 마트에서 매장 폐점이 가까워질 때나 상품이 거의 남지 않았을 때, 판매촉진을 위해 자주 쓰는 판매방식이다. 이런 방식은 주부들뿐만 아니라 마트를 이용하는 모든 고객을 끌어들이는 마력의 힘을 발휘한다. 그래서 이때는 자존심을 떠나서 일단 카트부터 들이밀거나 재빠르게 달려가야 좋은 물건을 저렴하게 쟁취할 수 있다.

대학병원 원무과의 전화교환센터에서 일하고 있는 홍 팀장.

그녀의 하루는 아침저녁이 따로 구분이 안 되어있다. 간호사와 똑같이 3교대로 근무하기 때문이다. 또한, 두 딸의 엄마이자, 한 남자의 아내이자, 노모의 맏딸로서 정신없는 하루를 보내며 산다. 덕분에 늘 만성피로에 시달린다.

어느 날부터 허리의 통증이 시작된 홍 팀장. 아이가 어려서 자주 안아주다 보니 가끔 통증이 있긴 했지만, 그때마다 파스로 해결하고 대수롭지 않게 넘겼다.

그렇게 몇 개월이 지난 뒤부터는 무릎까지 통증이 찾아왔다. 병원에서 근무하지만 실상은 병원진료가 쉽지 않았던지라 파스로 버티고 참았다. 시간이 갈수록 증상은 더 심해졌고 급기야, 근무 병원의 정형외과 의사를 찾았다. 각종 검사와 주사 치료, 물리치료 등을 받고 증상은 점차 호전되었다. 좋다고 하는 각종 치료는 다 받았는데, 병원비는 직원 할인우대혜택으로 일반환자의 50%밖에 되지 않았다.

1년 전 가입해놓은 실손의료비보험이 생각난 홍 팀장은 담당 설계사를 통해 보험사에 보험금을 청구한다. 담당 설계사는 교육받은 것처럼 감면 전 의료비, 즉 영수증의 실제 치료비를 지급할 것이라는 말을 전한다. '실제 지불한' 의료비만 주는 실손의료비라고 생각하던 홍 팀장은 마치 횡재라도 한 것처럼 좋았다. 과연 해당 설계사의 말은 옳은 것일까?

실손의료비 표준약관의 하단을 살펴보면, 피보험자가 병원 또는 약국의 직원복리후생제도에 의하여 납부할 의료비를 감면받은 경우에는 그 감면 전 의료비를 기준으로 의료비를 계산한다고 명시되어 있다.

즉 병원에서 근무하는 의료진과 직원의 경우 병원의 복리후생제도에 의해 의료비를 할인받는 경우가 있으므로, 할인받은 부분(감면 전 본인부담금액 지급)까지 포함한 금액을 지급하겠다는 것이다. 예전에는 이에 대한 내용이 약관에 명확히 명시되지 않아 실비 지급기준에서 보상하지 않기도 했었으나 현행 약관에는 이를 명시하여 분쟁의 소지를 줄였다.

실손의료비보험에서 질병·상해 실손의료비로 보상하지 아니하는 사항은 다음과 같다.

◆ 질병 입·통원에서 보상하지 않는 사항

1. 정신과 질환 및 행동장애(F04~F99)
   (다만, F04~ F99, F20~F29, F30~F39, F40~F48, F90~F98과 관련한 치료에서 발생한 국민건강보험법상 요양급여에 해당하는 의료비는 보상한다.)
2. 여성생식기의 비염증성 장애로 인한 습관성 유산, 불임 및 인공수정 관련 합병증(N96~N98)
3. 피보험자의 임신, 출산(제왕절개를 포함), 산후기로 입원한 경우 (O00~O99)
4. 선천성 뇌질환(Q00~Q04)
5. 비만(E66)
6. 비뇨기계의 장애(N39, N39.4, R32)
7. 직장 또는 항문질환 중 국민건강보험법상 요양급여에 해당하지 않는 부분(K60~62, K64)
8. 치과 치료 및 한방 치료(다만, 의료법 제2조에 따른 한의사를 제외한 '의사'의 의료행위에 의해서 발생한 의료비는 보상)에서 발생한 국민건강보험법상 요양급여에 해당하지 않는 비급여 의료비

9. 국민건강보험법상 요양급여 중 본인부담금의 경우 국민건강보험 관련 법령에 의해 국민건강보험공단으로부터 사전 또는 사후환급이 가능한 금액(본인부담금 상한제)

10. 건강검진(단, 검사결과 이상 소견에 따라 건강검진센터 등에서 발생한 추가의료비용은 보상), 예방접종, 인공유산. 다만, 회사가 보상하는 질병, 상해를 치료목적으로 하는 경우에는 보상.

11. 영양제, 비타민제, 호르몬 투여(다만, 국민건강보험의 요양급여 기준에 해당하는 성조숙증을 치료하기 위한 호르몬 투여는 보상), 보신용 투약, 친자 확인을 위한 진단, 불임검사, 불임시술, 불임복원술, 보조생식술(체내, 체외 인공수정), 성장촉진과 관련된 치료 등에 소요된 비용.(다만 회사가 보상하는 질병, 상해 치료를 목적으로 하는 경우에는 보상)

12. 아래에 열거된 치료로 인하여 발생한 치료비

    가. 단순한 피로 또는 권태

    나. 주근깨, 다모·무모·백모증, 딸기코(주사비), 점, 모반(피보험자의 가입 나이가 태아인 경우 화염상모반 등 선천성 비신생물성 모반(Q82.5)은 보상), 사마귀, 여드름, 노화현상으로 인한 탈모 등 피부질환

    다. 발기부전, 불감증, 단순코골음, 단순초경, 국민건강보험 요양급여의 기준에 관한 규칙 제9조 1항([별표2] 비급여대상)에 의한 업무 또는 일상생활에 지장이 없는 검열반 등 안과 질환

13. 의치, 의수족, 의안, 안경, 콘택트렌즈, 보청기, 목발, 팔걸이, 보조

기 등 진료재료의 구입 및 대체비용(다만, 인공장기 등 신체에 이식이 되어 그 기능을 대신할 경우에는 제외)

14. 외모 개선 목적의 치료로 인하여 발생한 의료비

　가. 쌍꺼풀 수술(이중검수술), 코 성형술(융비술), 유방 확대·축소술(다만, 유방암 환자의 유방재건술은 보상), 지방흡입술, 주름살 제거술 등

　나. 사시교정, 안와격리증(양쪽 눈을 감싸고 있는 뼈와 뼈 사이의 거리가 넓은 증상)의 교정 등 시각계 수술로써 시력 개선 목적이 아닌 외모개선 목적의 수술

　다. 안경, 콘택트렌즈 등을 대체하기 위한 시력교정술(국민건강보험 요양급여대상 수술방법 또는 치료재료가 사용되지 않은 부분은 시력교정술로 봄)

　라. 그 외 외모개선 목적의 치료로 건강보험 비급여 대상에 해당하는 치료

15. 진료와 무관한 제비용(TV 시청료, 전화료, 제증명료 등) 의사의 임상적 소견과 관련이 없는 검사비용, 간병비

◆ 상해 입·통원에서 보상하지 않는 사항

1. 전문등반(전문적인 등산용구를 사용하여 암벽 또는 빙벽을 오르내리거나 특수한 기술, 경험, 사전훈련이 필요한 등반을 말함), 글라이더 조종, 스카이다이빙, 스쿠버다이빙, 행글라이딩, 수상보트, 패러글라이딩

2. 모터보트, 자동차 또는 오토바이에 의한 경기, 시범, 행사(이를 위한 연습을 포함) 또는 시운전(다만 공용도로에서 시운전을 하는 동안 발생한 상해는 보상)

3. 선박승무원, 어부, 사공, 그 밖에 선박에 탑승하는 것을 직무로 하는 사람의 직무상 선박탑승

4. 치과 치료(다만, 안면부 골절로 발생한 의료비는 치아 관련 치료를 제외하고 보상)에서 발생한 국민건강보험법에 따른 요양급여에 해당하지 않는 비급여의료비(다만, 의료법 제2조에 따른 한의사를 제외한 '의사'의 의료행위로 발생한 의료비는 보상)

5. 건강검진(단, 검사결과 이상 소견에 따라 건강검진센터 등에서 발생한 추가 의료비용은 보상), 예방접종, 인공유산. 다만, 회사가 보상하는 상해 치료를 목적으로 하는 경우에는 보상

6. 영양제, 비타민제, 호르몬 투여, 보신용 투약, 친자 확인을 위한 진단, 불임검사, 불임시술, 불임복원술, 보조생식술(체내, 체외 인공수정), 성장촉진과 관련된 치료 등에 소요된 비용(다만 회사가 보상하는 상해 치료를 목적으로 하는 경우에는 보상)

7. 아래에 열거된 치료로 인하여 발생한 치료비

　가. 쌍꺼풀 수술(이중검수술), 코 성형술(융비술), 유방 확대·축소술(다만, 유방암환자의 유방재건술은 보상), 지방흡입술, 주름살 제거술 등

　나. 사시교정, 안와격리증(양쪽 눈을 감싸고 있는 뼈와 뼈 사이의 거리가 넓은 증상)의 교정 등 시각계 수술로써 시력 개선 목적

이 아닌 외모개선 목적의 수술

다. 안경, 콘택트렌즈 등을 대체하기 위한 시력교정술(국민건강보험 요양급여 대상수술방법 또는 치료재료가 사용되지 않은 부분은 시력교정술로 봄)

라. 그 외 외모개선 목적의 치료로 건강보험 비급여 대상에 해당하는 치료

8. 의치, 의수족, 의안, 안경, 콘택트렌즈, 보청기, 목발, 팔걸이, 보조기 등 진료재료의 구입 및 대체비용(다만, 인공장기 등 신체에 이식되어 그 기능을 대신할 경우에는 제외)

9. 진료와 무관한 제비용(TV 시청료, 전화료, 제증명료 등) 의사의 임상적 소견과 관련이 없는 검사비용, 간병비

10. 자동차보험(공제를 포함) 산재보험에서 보상받는 의료비. 다만, 본인부담 의료비는 제3담보별 보장내용에 따라 보상

11. 국민건강보험법 제42조의 요양기관이 아닌 해외소재 의료기관에서 발생한 의료비

12. 응급의료에 관한 법률 시행규칙에서 정한 응급환자에 해당하지 않는 자가 의료법 제 3조의 4에 따른 상급종합병원 응급실을 이용하면서 발생한 응급의료관리료

실손의료비는 말 그대로 실제로 쓴 의료비용을 말한다. 실제로 쓴 의료비용만큼을 보상해주는 것이 실손의료비보험인데, 이 실손의료비보험도 몇 차례 변경됐다. 보험에서는 상품마다 보상하는 기준을 법으로 정해 놓았는데, 이것을 약관이라 부른다. 이 약관을 통해 보상의 기준, 보상하는 것과 보상하지 않는 것 등을 명시해 놓는다.

보험의 약관, 즉 기준을 만드는 것은 여러 가지 의료 기준 또는 사회적인 부분을 반영하게 된다. 특히 실손의료비보험은 그 기준을 국민건강보험공단의 기준을 적극적으로 반영한다.

우리는 병원에 가서 진료를 받고 그에 대한 진찰 내역과 검사 비용이 적힌 의료비 영수증을 받는다. 그 의료비 영수증에 기재 내용을 토대로 실손의료비 지급 산정을 하는데 이 기준 등을 이해하려면 기본적인 의료비 영수증을 이해하면 된다.

입원료

의학관리료와 간호관리료, 병원관리료로 구성된다. 의학관리료는 회진, 질병 치료 상담, 교육 등 직접적인 행위와 기록 및 진찰계획 작성 등의 간접행위를 포함한다. 이외에 간호관리료는 간호사의 간호·상담 등을 포함하고 병원관리료는 환자복 세탁비용 등을 포함한다.

하루 입원료는 낮 12시부터 다음날 낮 12시까지다. 입원하지 않고 응급실이나 처치실에서 6시간 이상 치료를 받고 귀가해도 낮 병동 입원료가 적용된다.

입원시간이 밤 12~오전 6시 사이, 퇴원시간이 오후 6시~밤12시 사이에는 50%를 더 내야 한다. 16시간 장기 입원인 경우에는 일반 입원료가 적용된다. 입원 16일부터 30일까지는 입원료의 90%를, 입원 31일부터는 입원료의 85%를 부담한다.

입원 시 보험혜택을 받을 수 있는 기본 병실과 보험혜택을 받지 못하는 상급병실이 있다. 기본병실은 6명 이상인 병실이고 상급병실은 5명 이하가 입원한다. 기본병실에 입원했을 때는 입원료의 20%를 내면 되지만, 상급병실에 입원하면 6인실 병실료와 함께 상급병실 차액을 추가로 부담해야 한다.

병실 차액은 보험이 적용되지 않는 비급여로 병원은 차액이 발생하는 부분을 설명하고 환자의 동의를 얻어야 한다.

식대

입원환자의 식사는 일반식·치료식·멸균식·분유의 네 종류로 구분된다. 일반식은 환자 개개인의 성별과 연령을 고려한 식사로 밥·죽·미음 등의 식사가 포함된다.

식대의 50%는 건강보험의 혜택을 받는다. 일반식은 하루 3식 이내로, 산모식은 4식 이내로 먹었을 경우 보험 혜택을 받을 수 있다. 치료식은 당뇨·고혈압 등의 질환이 있을 때 영양소나 식품을 제한하거나 환자 상태에 맞도록 맞춤형으로 제공하는 식사다. 당뇨식, 저지방식, 염분이 적은 저염식 등이다. 멸균식은 음식에 있는 균을 없앤 식사로 면역이 떨어진 상태의 환자에게 제공된다.

처치 및 수술료

처치는 외과 처치, 피부과 처치, 화상 처치, 좌욕, 관장, 인공호흡 등을 의미한다.

수술은 의사가 손이나 기구로 직접 행하는 외과적인 의료행위다. 처치 및 수술료 항목에는 절개술, 봉합술 같은 기본 처치부터 신체 각 부위에 이뤄지는 수술, 응급처치, 중재적 시술 등 종류가 매우 다양하다. 처치 및 수술료는 의사가 환자에게 행한 각각의 진료행위와 시간, 치료의 난이도 등을 고려하여 금액이 산정된다.

처치 및 수술이 응급상황에서 오후 6시부터 다음날 오전 9시 사이, 또는 공휴일에 이루어졌을 경우에는 50%를 더 내야 한다. 치료가 목적이 아니라 일상생활에 지장이 없는 외모개선의 목적으로 수술을 받은 경우 보험 혜택을 받지 못한다.

영상 진단 및 방사선 치료료

영상장비를 이용해 질병을 진단하거나 방사선을 이용한 치료에 발생하는 비용, 영상, 진단의 종류에는 대부분 X선 촬영으로 이루어지는 단순 영상 진단과 위장·결장·소장·식도 등에 조영제를 이용하여 촬영하는 특수영상 진단, 뇌·갑상샘·심장·뼈 등의 내부조직을 영상으로 들여다보는 핵의학 영상진단 등이 있다. 방사선 에너지의 양에 따라 저에너지·중에너지·고에너지 방사선 치료 등이 있다. 중성자선 치료나 양성자 치료 등은 보험 적용이 되지 않는다.

만 8세 미만의 소아환자가 단순영상 진단이나 핵의학 영상 진단받았을 때는 10%, 특수 영상 진단을 받으면 15%가 가산된다.

CT·MRI·PET 진단료

입원해서 CT(컴퓨터단층촬영)·MRI(자기공명영상)·PET(양전자단층촬영)와 같은 고가 의료장비를 사용한 검사를 받는다면 외래 본인 부담률을 적용한다. 상급종합병원은 60%, 종합병원은 50%, 병원은 40%, 의원은 30%를 환자가 부담한다.

건강검진 CT 검사는 보험 적용이 되지 않지만 종양의 진단, 악성종양의 정도 및 추적검사, 급성외상 등의 검사는 보험 혜택을 받을 수 있다. 암이나 뇌종양, 뇌혈관질환, 간질, 뇌염증성 질환, 치매, 척수 및 척추질환,

관절질환의 진단을 목적으로 MRI 촬영을 받았다면 보험 혜택을 받을 수 있다. 암이나 부분성 간질, 허혈성 심질환의 심근 평가를 위한 PET도 보험 혜택을 받는다.

치료 재료료

검사와 방사선 촬영, 처치나 수술 등에 사용되는 재료 비용.

재료는 봉합사, 붕대, 고정용 나사, 인조 뼈, 인대나 힘줄 인공수정체, 인공 심박기, 인공와우, 소변 주머니 같은 배액 용기 등 다양하다. 치료 목적에 따라 별도의 보험적용 기준을 두고 있어 같은 재료라 하더라도 어떤 경우에 사용했느냐에 따라 보험적용 여부가 달라진다. 2010년 12월을 기준으로 보험급여가 되는 치료재료의 종류는 1만 4,485종이고, 보험 급여가 되지 않는 치료재료의 종류는 1,453종이다.

선택진료료

환자나 보호자가 특정한 의사를 선택해 진료받았을 때 내는 비용으로 보험이 되지 않는다. 선택진료 비용은 신청한 날로부터 적용되기 때문에 신청서의 날짜를 꼭 확인해야 한다. 선택진료를 신청하면 진찰료는 55%, 입원료는 20%, 마취료는 100%, 처치 및 수술료는 100% 이내 등 항목별로 추가비용을 부담하게 된다.

전액본인부담

전액을 본인이 부담해야 하기 때문에 어느 병원을 가더라도 같은 금액

을 내게 된다. 병원마다 다른 금액을 책정하여 받을 수 있는 비급여와
는 다르다. 진료의뢰서 없이 대학병원을 가거나 응급상황도 아닌데 응
급실을 이용한 경우 등이다.

마취료

전신 마취와 부분 마취가 있으며 방법에 따라 정맥·호흡·척수·경막
외·치과마취 등이 있다.

저녁 6시부터 다음날 오전 9시 사이, 또는 공휴일에 응급으로 마취
했을 경우에는 마취료의 50%를 더 내야 한다. 마취를 시작한 시간이
기준이다. 만 8세 미만의 소아나 만 70세 이상의 노인들은 마취료의
30%를, 생후 28일 미만의 신생아는 60%를 더 내야 한다.

정신요법료

정신과 의사가 정신질환에 대한 상담 또는 전기 충격요법 등의 치료를
할 때 내는 비용.

정신요법의 종류에는 개인·집단 정신치료, 가족 치료, 직업 및 오락 요
법 등 21종이다. 개인 정신치료에는 15분 미만으로 실시하는 지지요법,
15분에서 45분 동안 치료하는 집중용법, 그리고 45분 이상 치료하는
심층분석요법이 있다.

정신과 의원을 기준으로 집중요법은 지지요법의 약 2배, 심층분석요법
은 지지요법의 약 3배의 비용을 내야 한다. 최면요법과 행동치료 등은
보험의 적용을 받지 않는다.

포괄수가 진료비

입원에서 퇴원까지 미리 정해진 일정 금액을 내는 것, 현재는 안과·이비인후과·외과·산부인과 등 4개 진료과에 해당하는 수술을 받았을 때 포괄수가가 적용된다.

출처: 『국민건강보험론』(문상식, 김명중 저)

3장

아는 만큼 받는
보험금의 비밀

조직검사
받지 않은
양성 뇌종양과
암 진단비

우리 몸의 어느 부위에 종양이 생긴 것이 확인되면 의사는 조직검사를 권유한다. 양성인지 악성인지를 구분하기 위해서다. 만약 양성이라면 수술을 통해 제거하면 된다.

그러나 조직검사를 할 수 없는 경우가 있다. 뇌 부분에 생긴 종양이나 심장에 생긴 종양으로 수술 및 조직검사를 할 수 없는 위치에 있는 경우가 그렇다. 수술을 하기에는 마비나 사망 등의 치명적인 위험이 따르기 때문이다.

주로 뇌하수체종양, 뇌수막종 등이 그러한 경우로, 법원의 판례가 질병분류코드 중 암 코드인 C코드로 인정하여 지급한 사례가 있다. 이런 경우는 제반 치료도 악성으로 간주하여 치료하고 있다.

50대 후반의 이 씨는 시내버스 운전기사로 일하고 있었다.

언젠가부터 눈앞이 가끔 흐릿하기도 하고 어지러움과 두통이 수반되는 날이 많아지기 시작했다. 동료 기사의 권유에 못 이겨 검사 한번 받아보자는 생각으로 병원에 내원했다. 여러 검사를 통해 의사는 이 씨에게 뇌에 종양이 생겼는데, 뇌암일 가능성이 크다는 진단을 내렸다.

늦은 결혼으로 자녀들이 아직 중·고등학생인데 가장 역할을 못 한다는 생각에 '전생 무슨 죄를 지었을까'에서부터 여러 가지 생각에 한동안 힘들었다.

그런데 그게 끝이 아니었다. 암으로 의심된다는 소견을 받으면 통상적으로 수술을 시행한다. 이를 통해 제거된 종양에 조직검사를 시행하는데, 그 결과 암이 확실하면 항암치료 등 추가적인 치료를 받는다.

그러나 이 씨의 경우, 종양이 뇌 중추의 수술하기 어려운 곳에 있어 수술을 못 한다는 것이 문제였다. 수술 중 주변의 다른 혈관을 건드리면 심한 경우 그 부분이 관장하는 신체 부위에 마비가 올 수 있기 때문이다. 따라서 이런 위험을 감수하면서까지 조직검사 및 수술을 할 수는 없는 상태라고 했다. 그래서 바로 항암·방사선 치료를 받았다.

기본적으로 암 진단 특약에 가입된 피보험자가 암 진단으로 보험금 청구 시 필수서류는 진단서, 조직검사결과지, 초진기록지 등이다.

일반적으로 암 진단 시 조직검사결과지 제출은 필수인데, 이 씨는 조직검사를 받지 않았기에 제출하지 않았고, 진단서상 확정 진단이 아닌 임상적 추정 진단으로 체크받은 진단서를 제출했다.

해당 약관을 살펴보면, '암, 기타피부암, 갑상샘암, 제자리암 및 경계성 종양의 진단 확정은 해부병리 또는 임상병리의 전문의 자격증을 가진 자에 의하여 내려져야 하며, 이 진단은 조직검사 또는 미세바늘흡인 검사 또는 혈액 검사에 대한 현미경 소견을 기초로 해야 한다. 그러나 이러한 진단이 가능하지 않을 때에는 피보험자가 암, 기타피부암, 제자리암, 경계성 종양 및 갑상샘암으로 진단 또는 치료받고 있음을 증명할 만한 문서로 된 기록 또는 증거가 있어야 한다'는 조항이 있다.

즉, 조직검사를 할 수 없는 경우, 항암 방사선 치료 등을 시행하고 있다는 증거가 있고, 임상학적인 검사상 진단을 근거할 수 있는 결과를 토대로 전문의의 확정 진단이 있다면 암 진단비를 지급한다는 말이다.

뇌종양의 경우 임상적 진단의 대표적인 예로 들 수 있는데, 조직검사를 시행하지 않아서 악성 여부가 불확실한 경우가 있다. 이러한 경우는 뇌에 미치는 영향과 증상 등을 판단 후 악성종양에 준한 병변으로 취급한다. 더불어 항암치료나 방사선치료를 시행한 경우, 또는 종양의 완전절제가 불가능할 때 임상적으로 진단하고 암 진단비를 지급한다. (종양의 형태학적 분류, 예후 등에 따라 여러 케이스별로 달라질 수 있다.)

환경적인 영향, 또는 식습관의 영향 등으로 뇌종양의 발병률은 점차 증가하고 있다. 특히 뇌종양은 장년층보다 젊은층에서 많이 발생한다고 한다. 40대가 20.2%, 50대가 17.2%, 30대가 16.1%라고 한다.

보험은 아직 소비자들에게 어렵다.

그래서 더욱 약관 등을 골동품으로 간직하는 경우가 많다. 우선 담당 설계사들을 통해 확인이 먼저겠지만, 덮어놓고 모르겠다고 하지 말고 소비자 스스로도 조금만 더 꼼꼼히 살펴보는 노력이 필요하다.

체크 포인트 ✓

약관을 살펴보면, '암, 기타피부암, 갑상샘암, 제자리암 및 경계성 종양의 진단 확정이 가능하지 않을 때에는 피보험자가 암, 기타피부암, 제자리암, 경계성 종양 및 갑상샘암으로 진단 또는 치료받고 있음을 증명할 만한 문서화된 기록 또는 증거가 있어야 합니다'는 조항이 있다.

진단받지
못한 채 사망한
피보험자의 진단비

우리는 살아가면서 수많은 질병과 사고에 노출되어 있다.

오늘이 안전하다고 내일도 안전할 수 없다. 주변의 지인들에게서 듣는 질병 진단, 사고 또는 사망소식은 사람 일은 한 치 앞도 모른다는 말을 실감케 한다.

30대 초반의 안 씨는 술을 좋아하는 남성으로 학교의 서무팀에서 일한다.

안 씨는 퇴근 후 저녁이면 늘 마음이 맞는 사람들과 술자리를 가진다. 간단하게 시작한 술자리는 늘 그렇듯, 몸이 비틀비틀해질 정도가 되어야 끝을 맺는다. 그렇게 몇 년을 지내고 있던 안 씨는 언젠가부터 찾아온 복부 불편감에 괴로웠지만, 대수롭지 않게 생각하고 넘겼다.

모처럼 며칠 휴가를 받은 안 씨, 가까운 친구들과 강원도로 2박 3일 여행을 떠나기로 한다. 떠나기 전날, 여느 날처럼 안 씨는 학교 동료들과 저녁을 먹으며 반주를 하고, 기분 좋게 집으로 돌아왔다. 새벽 3시,

안 씨는 복부의 통증이 심해 잠에서 깼다. 허리를 못 펼 정도의 심한 통증은 사그라들지 않고 30분을 넘게 계속되었다. 안 씨는 급기야 119에 전화를 했고 인근의 대학병원으로 후송되었다.

검사 결과, 안 씨는 이미 간암이 온 장기에 전이된 상태였다. 달리 더 이상의 검사는 필요치 않았다. 이미 시행한 기본검사로도 안 씨의 상태를 충분히 알 수 있었기 때문이다. 안 씨는 암 치료를 받으며 7일간 중환자실에서의 생활로 생을 마감한다.

진단이 가능하지 않은 경우는 어떤 경우인지 알아보자.

보통은 조직검사가 가능하지 않은 경우, 즉 조직검사를 하기에는 마비나 사망, 여러 부작용이 우려되어 할 수 없음을 의미한다. 뇌종양의 경우는 뇌하수체종양, 뇌수막종 같은 경우가 이에 속한다고 할 수 있다. 또한 말기 암의 경우도 위험성 및 환자의 상태 등으로 할 수 없는 경우가 있고, 간세포암의 경우도 조직검사를 할 수 없을 때가 다반사다.

이런 경우에는 다른 검사방법으로, 즉 CT나 MRI, 혈액 검사 등으로 정밀검사를 하고 이를 토대로 치료를 시행한다. 이때, 임상학적으로 진단을 받고, 반드시 암 치료를 받고 있음이 문서로 증명이 된다면 진단비에 대한 보상을 받을 수가 있다.

또 하나, 위의 사례처럼 암의 진단을 받기도 전에 사망한 경우이다. 검사하기도 전에 이미 암의 진행 상태가 말기에 이르러 진단이 무의미하고, 다른 검사로도 충분히 암이 명백한 경우는 제반 서류(사인이 명백한 사망진단서)와 의사의 소견 등으로 진단비가 지급될 수 있다. 이것은 비단 암 진단비에만 해당하지는 않는다. 급성심근경색증이나, 뇌졸중(뇌출혈, 뇌경색) 진단비에도 같은 기준이 적용된다. 이 경우에는 모든 의학기록사본(검사결과지 등)이 중요하겠지만, 사망진단서의 사인도 중요한 작용을 한다. 만약 병원의 검사기록 등이 질병을 말해 주어도 사망진단서상의 사인이 '미상'이라면 사망보험금(생명보험은 일반사망보험금, 손해보험은 질병사망보험금)은 지급될지라도 질병에 대한 해당 진단비 보험금의 지급은 어렵다. 해당 질병으로 진단받고 사망하였거나, 치료받았음에 대한 입증 책임은 유가족에게 있다. 그래서 이러한 부분으로 분쟁이 많은 것도 사실이다.

체크 포인트

암의 진단을 받기도 전에 사망한 경우나 검사하기도 전에 이미 암의 진행 상태가 말기에 이르러 진단이 무의미하고, 다른 검사로도 충분히 암이 명백한 경우는 제반 서류(사인이 명백한 사망진단서)와 의사의 소견 등으로 진단비를 받을 수 있다. 이는 암 진단비뿐만 아니라 급성심근경색증이나 뇌졸중(뇌출혈, 뇌경색) 진단비에도 적용된다.

풀리지 않는 논쟁, 자살보험금

자살 사고로 보험금 지급 심사를 진행하며 겪었던 사례다.

사망 또는 사망에 버금가는 진단을 받은 피보험자들의 사고건에 대한 심사를 진행하려면 늘 마음이 불편했다. 보험금을 심사하는 모든 심사자가 다 그렇다.

사망이나 자살 건처럼 경찰 조사나 부검 관련 서류 및 사진을 봐야 하는 건이면 되도록 담당을 하지 않으려고 했다. 대부분 이런 건들은 심사기간 내내 불면증을 안겨줬고 심한 경우 알 수 없는 트라우마를 선물하기도 했기 때문이다. 특히나 자살 건은 더 말할 필요도 없이 마음이 힘들다.

30대 중반의 박 씨는 어릴 때부터 참 똑똑한 딸이었다. 대학을 졸업하고 번듯한 직장에 다니며 착실히 살다가 좋은 남자 만나서 결혼했다. 박 씨는 결혼과 동시에 직장을 그만뒀고 아이 둘을 낳고 부족함 없이 잘살고 있다. 적어도 남들이 보기에는 그랬다.

사고 당일 119 센터에 박 씨의 딸이 울면서 전화를 했다.

"학교에서 돌아와 보니 엄마가 쓰러져 있는데 깨워도 일어나지 않아요…."

바로 119에 후송이 되어 응급실에 도착했지만 이미 뇌 손상이 심각하게 진행된 상태였다. 해당 병원 신경정신과에는 그동안 그녀의 기록이 많았다. 남편과의 불화로 힘들어하다가 우울증 진단을 받고 수년간 약을 복용한 사실도 기록돼 있었다. 박 씨의 부모는 의무기록사본을 발급받은 그제야 알았다. 당신들이 눈치채지 못한 동안 딸이 얼마나 힘들었는지…? 그 사실에 망연자실했다.

최초 서류를 살펴보니 그저 한숨부터 나왔다. 서류를 살피면 살필수록 '어떤 가슴 아픈 사연이 있어서 눈에 넣어도 아프지 않을 아이 둘을 두고 자살이라는 극단적인 방법을 선택해야만 했을까?' 하는 생각이 머릿속을 떠나질 않았다. 이 건이 더욱 마음 아픈 이유는 이 젊은 엄마가 자기 뜻대로 죽지도 못했고 그렇다고 살지도 못했기 때문이다. 자살미수로 식물인간 상태였기 때문이다.

서류에 기재돼 있는 피보험자의 친정아버지 연락처를 보고 전화 접촉을 시도했다. 어떤 보험사고든 마찬가지지만 자살 관련 건은 더 조심스럽다. 정해진 일을 하는 것임에도 이렇게 실사를 진행해야 하는 이유를 안내하는 것조차 알 수 없는 송구함과 죄책감이 들게 한다.

조사가 필요한 사유를 설명하자 박 씨의 아버지는 생각보다 침착한 목소리로 기꺼이 실사를 받아들였다. 아버지는 딸 박 씨가 입원해있는 병원으로 방문해 달라고 요청했다. 박 씨의 상태 확인과 담당의 면담 모두 필요했기 때문에 반드시 필요한 절차였다.

약속한 날에 박 씨가 장기입원 중인 병원을 방문했다. 수차례 경험이 있었음에도 병원에 들어서기 전까지 많은 고민을 했다. 무슨 말부터 어떻게 꺼내야 할지 쉽지 않게 생각했다. 이런 경우 사고경위를 물어보는 것 자체가 힘든 일이기 때문이다.

피보험자들을 만나서 면담을 해보면 사고경위를 말하기에 앞서 그들이 살아왔던 인생 이야기를 많이 듣게 된다. 같이 들어주고 공감하면서 조금이나마 아픔을 나눌 수 있다는 것에 감사하지만, 한편으로는 그분들에겐 잊고 싶은 기억을 회상케 한다는 점에서 직업에 대한 사명감은 없어지고 실사를 해야만 하는 죄스러움이 생길 때가 있다.

생각했던 모습과 달리 그녀의 아버지는 무척이나 담담했다. 사고 직후가 아니라 시간이 어느 정도 흘러서 그런 듯했다. 5인실 병실의 한쪽 벽 끝에는 온갖 생활용품들이 가지런히 놓여 있었다. 장기입원이라는 걸 굳이 얘기하지 않아도 알 수 있었다. 피보험자는 눈에 초점이 없는 상태로 천장을 응시하고 어떤 미동도 없이 누워있었다. 아이 둘인 젊은 엄마가 식물인간이라니…? 나는 가슴 깊은 곳에서 나오는 안타까운 한숨을 애써 참았다.

아이들은 이제 초등학교 저학년. 한창 엄마의 손이 많이 갈 때인데 아이들을 두고 자살을 생각했을 때는 그만큼 삶의 고통을 감내하기가 어려웠기 때문이리라. 상황이 이런데도 피보험자 남편은 단 한 번도 병원에 오지 않았고 남겨진 아이들은 모두 그녀의 친정부모가 돌보고 있는 상황이었다.

손보사에서는 자살은 명백한 면책사유에 해당한다. ▲자살을 분명히 밝힌 유서 ▲자살 동기로 추정되는 경제·사회·육체적 정황(경제적 상황, 가정문제 건강문제 등) ▲사고 당시의 상황 등을 따져 살펴 결정한다. 자살이 아니라는 입증 책임은 유가족이 진다.

그러나 생보사에서는 보험가입 2년 미만에 대해서는 면책, 2년이 지난 후 발생한 자살에는 일반사망보험금을 지급한다. 명백한 자살임에도 생보 약관의 모호한 기준은 여러 반론을 만들어 내고 있다(2년 이내 자살을 보험금 부지급 사유로 정한 이유는 자살을 통해 보험금을 수취하려는 의도를 막기 위한 것이나, 2년 이후의 자살은 보험금 수취를 의도한 것으로 볼 가능성이 낮다고 해석- 참조: -최영호 저『제3보험 이론 및 실무』). 취지가 어떠하던 생명보험의 사망보험금 지급에 대한 본래의 취지는 남겨진 가족을 위한 생활 자금으로서 활용하기 위한 목적임을 항상 감안해야 한다.

담당의 소견상 박 씨의 현재 상태는 상해 사망 후유장해 80% 이상에 해당하며, 이는 해당 보험 약관에 따라 담보금액 전액이 지급된다.

깨어날 기약이 없는 딸을 평생 간호하는 부모의 마음은 어떨까? 나는 감히 짐작도 못 한다. 다만 남겨진 아이들과 부모들을 위해 보험금을 지급할 수 있다는 사실이 그나마 다행스러웠던 건으로 기억한다.

자살이란 스스로 자기의 목숨을 끊어 사망의 결과를 발생하도록 하는 행위로, 이것은 명백한 고의사고다. 이런 사고에서 문제가 되는 것은 상해사망보험금 지급 여부이다.

보험약관에서는 피보험자의 고의사고는 모든 보험금 면책사유에 해당한다. 다만, 의사무능력 상태에서 스스로를 사망에 이르게 한 경우, 즉 피보험자가 자유로운 의사결정을 할 수 없는 상태에서 자신을 해친 경우는 상해사망보험금을 지급한다. 여기서 자유로운 의사결정을 할 수 없는 상태라는 것은, 의사결정능력이 결여되어 고의가 없는 상태를 말한다. 피보험자가 우울증 등의 정신질환으로 약을 복용하다가 자살을 선택한 경우라도 계획적으로 자살에 이르게 했다면 상해사망 보험금이 면책될 수도 있다. 이처럼 자살은 여러 가지 제반 사항을 검토 후에 보험금 지급을 결정하기에 이것과 관련된 판례는 상황에 따라 다를 수 있다.

자살은 관련 판례 등을 볼 때, 자살 동기로 추정되는 경제·사회적 여건, 자살로 추정되는 사고 당시의 상황, 자살의 의사를 밝힌 유서가 명백하게 입증된다면 자살로 인정할 가능성이 높다.

우리나라 자살률은 인구 10만 명당 28.4명으로 경제협력개발기구 국가 가운데 가장 높고 자살과 관련된 보험금 지급액은 2006년 52억 원에서 2010년 1,646억 원으로 급증했다.

삶의 무게가 무거워 잠시 극단적인 생각을 하는 경우는 누구나 한 번쯤 있으리라. 세상 사는 것이 내 뜻대로 되지 않을 때도 있고, 경쟁에서 도태될 수도 있다는 두려움에 시달려야 할 때도 있다. 수많은 갈등에 힘겨워도 속수무책 그것을 삼켜야 할 때도 있고, 무거운 짐을 가족과 함께 털어놓을 수 없는 경우도 있다. 그렇지만 자살이라는 방법이 자신의 삶의 무게를 덜어줄 근본적인 해결의 방법은 아니다. 순간을 이겨내고, 심신의 명정을 살피고, 아주 잠시라도 한 템포 쉬어 간다면, 한 번뿐인 생이 적어도 덧없이 사라지는 일은 없으리라 생각한다.

지금 많은 고민으로 하루하루가 버거운 분들에게 포크너의 명언을 전한다.

"인간은 모든 고뇌를 이길 수 있을 만큼 강하다."

체크포인트 손보사에서는 자살은 명백한 면책사유에 해당하지만 생보사에서는 보험가입 2년 미만에 대해서만 면책, 2년이 지난 후 발생한 자살에는 사망보험금을 지급한다.

다음 중 어느 한 가지의 경우에 의하여 보험금 지급사유 또는 보험료 납입면제 사유가 발생한 때에는 보험금을 드리지 아니하며, 보험료의 납입을 면제하지 아니합니다.

1. 보험자가 고의로 자신을 해친 경우
   다만, 다음 각 항목의 경우에는 그러하지 아니합니다.
   가. 피보험자(보험대상자)가 심신상실 등으로 자유로운 의사결정을 할 수 없는 상태에서 자신을 해친 경우 피보험자가 심신상실 등으로 자유로운 의사결정을 할 수 없는 상태에서 자신을 해침으로써 사망에 이르게 된 경우에는 보험금 종류 및 지급사유에서 정하는 사망보험금을 지급합니다.
   나. 계약의 보장개시일로부터 2년이 경과된 후에 자살한 경우에는 사망보험금을 지급합니다.

2. 보험수익자(보험금을 받는자)가 고의로 피보험자를 해친 경우
   그러나 그 보험수익자가 보험금의 일부 보험수익자인 경우에는 그 보험수익자에 해당하는 보험금을 제외한 나머지 보험금을 다른 보험수익자에게 지급합니다.

3. 계약자가 고의로 피보험자를 해친 경우

제왕절개,
당연히
보장이 안 된다고?

보상하는 손해와 보상하지 않는 손해, 어느 것이 먼저인가?

세계에서 8번째로 큰 보험시장을 가지고 있는 나라, 대한민국. 경제 순위뿐 아니라 영국, 미국, 프랑스의 세계 경제선진국과 어깨를 나란히 할 정도로 국내 보험산업은 생각보다 훨씬 더 큰 시장을 거느리고 있다. 그 옛날, 보험설계사를 '보험아줌마'라고 부르며 자의에 의해서가 아닌 타의에 의해 가입한 금융상품이 보험이었다면, 최근엔 보험의 필요성을 인식하고 소비자가 스스로 가입문의를 해오는 경우가 많아졌다. 그만큼 보험에 대한 소비자의 인식이 긍정적으로 변화했다.

보험연구원 자료에 따르면 한국의 2013년 개인 보험가입률은 70% 이상이고, 가구당 보험가입률은 91.4%다. 우리나라 국민 10명 중 7명은 보험에 가입되어 있다는 얘기다. 국민건강보험공단의 의료비 증가 추이를 살펴보면 해가 갈수록 의료비 지출이 높아지는 추세다. 특히 노년으로 갈수록 그 비율은 증가하고 있다. 의료기술 발달과 건강보험공단의 정기검진 활성화 등 여러 이유로 다양한 질병의 조기 발견도 높아졌다.

이로 인해 덩달아 보장성보험 가입률도 증가했다고 볼 수 있다.

보험 중 실손의료비보험은 입원과 통원 시 지불한 병원비를 보장해주는 기본보험이라고 칭한다. 몇몇 진단을 제외하고 병원에 가서 치료한 실제 치료비용의 80~90%를 지급해준다는 장점이 있어 가입률이 높다. 그래서 소비자들도 보험가입 시 제일 먼저 챙겨야 할 보험으로 단연 실손의료비보험을 꼽는다. 실제 실손의료비보험 가입률은 59.1%로 국민 10명 중 6명은 실손의료비보험에 가입돼 있다. 높아지는 가입률만큼 비례적으로 보험금 청구율도 높아지는 상황이다.

문제는 대부분 소비자가 실손의료비보험에만 가입돼 있으면 모든 질병과 상해사고에 대해 보장을 받을 수 있는 것으로 착각하고 있다는 점이다. 따라서 실손의료비보험 가입 시 약관상 보상하지 않는 사항이 무엇인가를 자세히 살펴봐야 한다.

대학병원의 3년 차 간호사로 일하고 있는 이 씨는 직업상 아픈 사람들을 매일 마주한다. 덕분에 지인의 권유에 의해서가 아닌 본인이 직접, 보험사에 연락해 스스로 실손의료비 담보와 각종 질병, 상해 관련 진단비 등을 보장해주는 보험에 가입했다.

결혼 후 바로 임신을 하게 됐고, 3교대 근무는 임신한 이 씨에게 신체적인 무리가 있어 근무시간만 변경하며 직장생활을 계속했다. 임신 8개월쯤, 하복부에 지속적인 통증이 생겨 산부인과를 찾은 이 씨는 결국 급성 충수염 의심으로 응급수술에 들어갔다. 산모여서 마취 등 의료처치에 대한 부담과 걱정이 컸지만 다행히 수술 경과가 좋았고, 태아에게도 무리가 없었다.

그러다 4일째 입원 중 다시 시작된 아랫배의 통증. 그러나 이번엔 지난번의 충수염의 통증과 달랐다. 바로 이상한 느낌을 감지한 이 씨. 담당 의사는 자궁 수축이 시작됐고, 제왕절개가 불가피하다고 판단했다. 결국 이 씨는 제왕절개로 아이를 출산했다. 7일간의 입원을 하고 아이와 함께 건강한 모습으로 퇴원했다. 이 씨는 임신출산 관련은 실손의료비에서 제외된다는 것을 알고 있었지만, 충수염은 보장되는 질병이기에 해당 보험사에 충수염 관련 보험금만 청구했다.

실제로 현행 실손의료비 공통약관 정의에 따르면, 보상하지 않는 사항은 다음과 같다. 비만, 정신질환, 비뇨기 장애, 건강검진, 영양제, 미용 목적의 성형, 요실금, 선천적 뇌 질환, 임신출산 등으로 발생한 의료비는 보상하지 않는다고 명시돼 있다. 그리고 치료비용과 무관한 제비용, 즉 진단서 등 서류를 발급을 위한 비용 등도 제외된다. 더불어 국내 소재 의료기관이 아닌 해외 의료기관에서 발생한 의료비도 보상받을 수 없다. 만약 보상하는 손해로 발생한 의료비라 하더라도 10~20%의 자기부담금을 제외한 80~90%만 보상을 받을 수 있다. (추가 실손특약은 본인부담비율은 최대 30%나 2만원중 큰 금액을 공제)

그렇다면 이 씨는 제왕절개 관련 의료비에 대해서 보상을 받을 수 없는 것일까?

약관을 좀 더 자세히 살펴보면 '회사가 보상하는 질병이나 상해로 생긴 의료비는 보상을 해야 한다'는 부분을 확인할 수 있다. 즉 제왕절개는 보상하지 않는 사항이지만 제왕절개의 원인인 충수염은 보상하는 사항이다. 충수염으로 인해 제왕절개를 하게 되었으니(담당 의사 소견) 그 비용도 보상해야 하는 것이다.

실손 의료비 약관에 보상하지 않는 사항은 무엇인지를 먼저 살펴보는 것이 중요하고, 보상하지 않지만 그것도 케이스에 따라 달라질 수 있다는 점을 알아둬야 하는 이유다. 물론 비전문가인 고객은 이러한 세세한 케이스까지 알 수는 없다. 보험금 청구가 많아지는 만큼 '무조건 안 되겠지'라는 생각보다는 담당 설계사의 도움을 받거나, 보험전문가의 도움을 받기를 권유한다.

솔로몬은 "슬기로운 자는 위험을 보면 피할 길을 찾지만 어리석은 자는 그냥 계속 가다가 피해를 당한다"고 했다. 보험금에서도 이 말은 매우 유효하다.

체크 포인트

제왕절개는 보상되지 않는 손해이지만 충수염 등 다른 원인으로 제왕절개를 했다면 이는 보상하는 손해다. 이런 사례처럼 실손 의료비 약관에 보상하지 않는 손해가 무엇인지 먼저 알아두면서도 보상하지 않지만 그것도 케이스에 따라 달라질 수 있다는 점을 새겨야 한다.

과거 병력
알면서 승낙한
보험의 보험금 지급

손보사 인보험 장기보상팀에 재직 중인 이 대리는 피보험자의 보험금 심사를 하면서 지급보험금 삭감이나 해지 안내 뒤에 따라오는 항의로 항상 만성 두통에 시달린다.

피보험자에게 이런 안내를 하게 되면 담당 설계사에게 항의 전화가 온다. 안 그래도 지쳐있는 이 대리에게 같은 회사 직원인 담당 설계사의 항의 섞인 말투는 기분을 더 다운시킨다. 힘들게 영업을 해서 계약 한 건 체결했는데, 쉽게 해지를 시킨다는 항의가 태반인 실정이다.

한쪽은 계약을 늘리기 위해 영업에 힘쓰고, 한쪽은 문제가 된 계약을 해지하는 일을 한다. 이런 이유로 손해사정팀과 영업팀은 서로 껄끄러운 사이일 때가 많다.

김 씨는 배우자 친구의 권유로 L사 상해보험에 가입했다. 얼마 지나지 않아 교통사고로 병원 신세를 지게 된 김 씨. 경요추부 염좌, 제4-5요추 추간판 탈출증 진단을 받고 7일간 입원 치료를 받았다. 상해

의료비 및 일당 등 보험금 청구를 했고 보험금은 예상보다 훨씬 더 많이 지급되었다.

이후 3년이 흘렀고, 재직 중인 회사 내에 개척영업을 나온 L사의 설계사로부터 건강보험 가입 권유를 받고, 같은 보험회사인 L사 통합건강보험에 가입했다. 그리고 10개월 뒤, 심각한 허리 통증으로 병원을 찾은 김 씨. 제6-7경추 추간판 탈출증, 제4-5요추 추간판 탈출증 진단(주 치료: 경추 추간판 탈출증)으로 수술과 입원을 했다.

김 씨는 성실히 입원 치료를 받았고, 담당 설계사를 통해 보험금 청구를 했다. 김 씨의 보험금 지급심사를 맡게 된 이 대리, 청구 서류와 계약사항을 확인하던 중 김 씨의 과거 청구 이력을 확인하게 된다. 과거 당사에서 교통사고로 보험금이 지급된 내역이 있으나 통합보험가입 당시 고지한 내역은 없었다. 또한 청구한 진단명이 과거 보험금 청구 시 진단받았던 병명과 동일한 것도 확인했다.

이 대리는 결국 이에 대한 보험금 지급의 면부책 판단과 고지의무 위반으로 볼 수 있는지를 사내 변호사에게 법률자문을 요청하게 된다.

가입 시 보험회사에 중요하게 알려야 할 사항을 계약 전 알릴 의무, 상법상 고지의무라 부른다.

약관상 '보험계약 당시에 보험계약자 또는 피보험자가 고의 또는 중대한 과실로 인하여 중요한 사항을 고지하지 아니하거나 부실한 고지를 한 때에는, 보험자는 그 사실을 안 날로부터 1월 내에, 계약을 체결한 날로부터 3년 내에 한하여 계약을 해지할 수 있다'고 정의한다.

여기서 '중요한 사항'이란 보험자가 사고의 발생의 위험률을 측정하여 보험의 인수 여부 및 보험료액(보험요율)을 결정함에 있어서 합리적 판단에 영향을 미칠만한 사항, 즉 보험회사가 그 사실을 알았더라면 계약을 체결하지 않거나 적어도 같은 조건으로 계약을 체결하지 않을 것이라고 생각되는 사항을 말한다.

만약 이러한 사실이 드러날 경우 보험사는 사고의 발생 여부에 관계없이 보험계약을 해지할 수 있다.

보험사가 '해지'할 수 없는 사유

그러나 다음과 같은 사항에 해당할 시에는 해지할 수가 없다.

▲보험설계사 등이 계약자 또는 피보험자(보험대상자)에게 고지할 기회를 부여하지 않았거나 ▲계약자 또는 피보험자(보험대상자)가 사실대로 고지하는 것을 방해한 경우 ▲계약자 또는 피보험자(보험대상자)에 대해 사실대로 고지하지 않게 했거나 ▲부실한 고지를 권유했을 때 ▲보험자가 계약 당시에 그 사실을 알았거나 중대한 과실로 인하여 알지 못한 때에는 해지할 수가 없다.

김 씨의 경우 L사에서 과거 교통사고로 경요추부 염좌, 제4-5요추 추간판 탈출증 진단으로 상해 관련 의료비를 지급 받은 사실이 있음에도, 보험사가 보험계약 당시 피보험자의 이 같은 사실을 몰랐다면, 이는 L사의 중대한 과실이므로 보험약관상 계약을 해지할 수가 없다.

보험금 지급과 관련해, 치료받은 진단명 중 제4-5요추 추간판 탈출증은 과거 교통사고로 인한 기왕증으로 보여 이 부분은 면책할 수 있다. 그러나 주로 치료받은 부분은 제6-7경추 추간판 탈출증으로, 고지의무 위반과 관련된 내용이 아닌 새롭게 발생한 질병으로 보아, 이 부분에 대한 청구보험금은 지급되는 것이 타당하다.

다만, 약관상 후유장해 산정 시 지급률을 산정하면서 척추뼈는(경추부터 미추까지 동일 부위) 모두 동일 부위로 한다는 규정이 있어 장해보험금 심사에서는 기왕증 공제와 관련해 문제가 될 수 있다.

보험금 청구 시 동일한 사고 내용이더라도 약간의 차이로 면부책 판단은 판이해질 수 있다. 타당한 근거에 의한 해지 및 면책은 적법하나, 그렇지 않은 부당한 경우에는 이의를 제기할 수 있다.

얼마 전 금융위는 내년부터 보험금 지급을 상습적으로 거부한 보험사는 업무정지 명령까지 받게 한다는 보험업법 개정안을 국회에 제출할 계획이라는 내용을 발표했다.

보험금 청구와 관련한 내용 등이 점차 보험지식에 대한 약자인 소비자를 보호하는 방향으로 개정돼 가고 있는 모습이다. 간혹 벌어지고 있는 주먹구구식의 보험금 심사는 철폐해 가겠다는 의미이기도 하니, 소비자는 보험료를 낸 만큼 그에 맞는 정당한 권리를 내세워 당당하게 보험금을 받도록 하자.

보험계약자 또는 피보험자가 중요한 사항을 고지하지 아니하거나 부실한 고지를 한 때에 보험회사는 그 계약을 해지할 수 있다. 그러나 다음의 경우에는 해지할 수 없다.

→ 보험설계사 등이 계약자 또는 피보험자(보험대상자)에게 고지할 기회를 주지 않았을 때

→ 계약자 또는 피보험자(보험대상자)가 사실대로 고지하는 것을 방해한 경우

→ 계약자 또는 피보험자(보험대상자)에게 사실대로 고지하지 않게 한 경우

→ 부실한 고지를 권유했을 때

→ 보험자가 계약 당시에 그 사실을 알았거나 중대한 과실로 인하여 알지 못한 때

입원 중
보험기간 만료와
보험금

대부분의 암 치료나 중증·만성질환의 치료는 장기간 이루어지며, 치료 비용도 많이 들어간다. 게다가 재발하거나 전이, 합병증이 동반되어 치료가 오랫동안 계속되는 경우도 있다. 다행히 가입한 보험이 있어 치료받는 동안 보험금을 열심히 청구해서 바로바로 보험금을 받았다고 하자. 그런데 치료를 받는 중에 혹시 보험기간이 만료가 되었다면?

만약, 보험기간 중에 암을 진단받고 입원치료 중 보험기간이 만료됐다면 만료 이후의 계속적인 입원에 대한 암 입원 일당을 지급 받을 수 있을까?

40대 지 씨는 아이들을 학교에 보내고 동네의 대형 마트에서 캐셔로 일한다. 항상 서서 하는 업무에 지 씨는 늘 만성피로에 시달린다. 퇴근 후 집에 오면 누워있기에 바쁘다. 계산대의 모니터를 보느라 눈의 피로도 이만저만이 아니었다. 동네약국에서 인공눈물을 사다 넣고 하며 그때 그때의 눈의 피로감을 풀며 지냈던 지 씨. 어느 날 일하던 중 계산

대의 숫자가 잘 안 보이기 시작한 지 씨는 단순 눈의 피로로 인한 일시적인 증상이라 생각하고 넘겼다. 그러나 다음 날도 또 그다음도 나아질 기미가 보이지 않자 동네병원을 찾은 지 씨는 의사로부터 3차 병원의 진료를 권유받는다.

3차 병원에서 여러 가지 검사 후 받은 진단명은 안암.

지 씨는 바로 날짜를 잡고 입원하여 수술을 받았다. 다행히 수술은 성공적이었다. 이 소식을 듣고 바로 달려온 사람 중 담당 설계사가 있었다. 친구의 권유로 10년 전 암과 실손의료비 등을 포함한 건강보험에 가입했었다. 당시에는 없는 형편에 가입이 부담스러웠지만, 지금처럼 이런 일이 생길 줄 꿈에도 몰랐던 지 씨는 보험이 있어서 천만다행이라고 생각했다. 담당 설계사는 퇴원 시 보험청구를 해야 한다며, 이것저것 필요한 서류들을 안내해 주었다. 얼마 후 퇴원한 지 씨는 담당 설계사를 만나 각종 서류를 주며 보험금 청구를 위임했다. 그러나 설계사는 지씨가 가입한 해당 보험이 보험계약이 만료되어 보험금을 받기 어렵다는 말을 한다.

과연 해당 설계사의 말은 옳은 것일까?

암의 보장개시일 이후 암으로 진단받고 입원하여 치료를 받던 중 보험기간이 종료된 경우, 만료 이후의 입원치료기간에 대해서도 암 입원 일당을 보상한다. 암 입원급여금(암 입원 일당)은 1회 입원당 최대 120일 동안 지급이 된다(기간은 상품마다 다를 수 있다). 약관에는 '피보험자가 입원급여금 지급사유에 해당하는 입원 기간에 보험기간이 만료되었을 경우 그 계속 중인 입원기간에 대하여 계속 입원급여금을 지급하여 드립니다'라고 명시되어 있다.

다른 질병에 대한 치료도 특약에 따라 보험금을 받을 수 있다.

질병실손의료비의 경우, 실손의료비보험의 가입시기에 따라 다르지만, 2009.10.01.~2015.12.31.의 계약은 입원은 최초 입원일로부터 365일까지 보상한다. 하나의 질병으로 인하여 최초 입원일로부터 365일을 넘어 입원할 경우에는 90일간의 보상제외기간이 지나야 새로운 질병으로 인한 입원으로 보아 새로이 보상한다. 만약 입원 중 보험기간이 만료되더라도 계속 중인 입원에 대해서는 보험기간 종료일로부터 180일까지 보상한다. 2016년 1월 이후 계약부터는 하나의 질병으로 인한 입원의 료비를 보험가입금액까지 보상한 경우에는 보상한도 종료일부터 90일이 경과한 날부터 최초 입원한 것과 동일한 기준으로 다시 보상한다(계

〈보상기간 예시〉

(1) 최초입원일~보상한도종료일이 275일(365일-90일) 이상인 경우

(2) 최초입원일~보상한도종료일이 275일(365일-90일) 이내인 경우

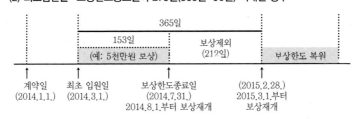

(실손의료비 약관)

속 입원을 포함한다). 다만, 최초 입원일부터 275일(365일-90일) 이내에 보상한도 종료일이 있는 경우에는 최초 입원일부터 365일이 경과되는 날부터 입원한 것과 동일한 최초 기준으로 다시 보상한다.

이에 대한 금융분쟁조정위원회의 조정 결정과 법원 판결 내용을 보도한 신문기사를 살펴보자

금융분쟁조정위원회 조정 결정 2010-91호

암으로 진단되어 입원하고, 수술하는 과정은 시간의 경과에 따라 연속적으로 발생하는 것이 의료경험칙상 일반적이라 할 수 있으므로 이러한 과정을 일련의 사고(단일한 사고)라고 보아야 할 것이며 각각 다른 별개의 사고(독립적인 사고)라고 보기 어려움. 사회 통념상으로도 암 진단 확정으로부터 입원, 수술까지는 하나의 보험사고로 볼 수 있으며, 소비자들도 그러한 기대를 하고 보험계약을 하였으리라 보는 것이 타당함. (제2001-7호 2001.2.13. 결정 참조, 서울지방법원 2004.10.28. 선고 2004나21069 판결 참조)

"보험기간 만료가 되더라도 보험기간 중에 질병이 발병했다면 보험금을 지급해야 한다는 법원의 판결이 나왔다. 부산지법 민사 26단독 오세용 판사는 지난 7일 우체국의 직장인생활보장보험에 가입한 김모(69, 여) 씨가 국가를 상대로 제기한 보험금 청구 소송에서 김 씨에게 약정한 보험금 1,000만 원을 지급하라고 원

고 승소 판결했다.

김 씨는 보험기간 중인 지난해 4월 16일 뇌경색이 발병, 병원에서 뇌경색 진단을 받았다. 그러나 최종 확정 진단(후유장해 1급)은 보험기간 만료일인 5월 16일이 지난 같은 해 12월 31일 받았다. 김 씨는 보험금 지급을 우체국에 요구했으나 우체국 측은 보험약관을 들어 '보험기간 만료 이후에 후유장해 1급 진단을 받아 보험금을 지급할 수 없다'고 지급을 거절했다. 이에 김 씨는 소송을 제기했다.

이에 대해 법원은 '김 씨의 경우 보험기간 만료일 직전에 뇌경색이 발병함으로 인해 부득이하게 보험기간 만료 후에 그 후유장해의 정도를 진단. 확인받을 수밖에 없었다'며 김 씨의 손을 들어줬다."

(한국보험신문 신상건 기자)

약관을 살펴볼 때는 해당 특약의 내용을 끝까지 다 체크할 필요가 있다. 내용이 어려워 중간까지 읽다가 포기한다면 보험금도 중간까지만 체크될 수 있다는 점을 기억하기 바란다.

> **체크 포인트**
>
> 내 권리를 알아서 챙겨주는 사람은 없다. 보험금에서뿐만 아니라 자신의 권리는 스스로 알아서 챙겨야 한다.

전기간
부담보계약,
부담보 푸는 방법

신체 어느 부분이나 질병에 대해 보장을 제한적으로 또는 앞으로 '쭉' 보장을 못 받는 계약을 부담보계약이라고한다. 말 그대로 그 부분에 대해서는 아무리 보험금 청구를 해도 보상하지 않겠다는 뜻이다. 처음부터 계약 시 그렇게 정하고 보험에 가입했기 때문이다.

병치레 없이 건강하게 살아간다면 가장 좋겠지만, 어디 그것이 사람의 뜻대로 되던가? 갑작스럽게 병에 걸릴 수도 있고, 각종 사고로 다칠 수도 있는 것이 삶이다.

만약 간단한 질병으로 치료를 받았는데, 보험가입 시 그것 때문에 보험가입 자체가 거절된다면, 보험의 애초 의미가 무색해질 것이며, 가입할 수 있는 소비자도 거의 없을 것이다. 그래서 탄생한 것이 '부담보계약'이다.

대기업 회계사로 일하고 있는 이 씨는 직장생활 1년 차다.

업무가 워낙 꼼꼼함이 필요한 일이다 보니, 이 씨는 만성 소화불량에 시달린다. 주위의 선배들도 위염은 달고 사는 사람이 많은 것을 보면서 건강에 대해서 한 번쯤 생각해봐야겠다는 다짐을 할 무렵, 이 씨는 직장 내 다른 부서 선배에게서 설계사를 소개받았다. 그는 일주일 뒤 회사 내 커피숍에서 설계사를 만나 건강보험 가입을 권유받는다.

보험이라고는 자동차보험과 운전자보험이 전부인 이 씨는 건강보험 하나쯤 가입해도 괜찮겠다는 생각이 들어 가입을 하게 된다. 그런데 청약서를 작성하면서 계약 전 알릴 질문을 보던 이 씨는 머뭇거리게 된다.

'최근 1년 이내에 의사로부터 진찰, 검사를 통해… 하신 적이 있습니까?'라는 질문에, '예'라고 써야 했기 때문이다. 이 씨는 그 부분을 설계사에게 말하고 청약서에도 기재를 한다. 그리고 계약은 그 부분에 대하여 전기간 부담보로 승낙이 되었다.

계약 후 5년이라는 시간이 흘렀다. 그날도 여전히 같은 일과를 보내고 있었다. 점심 후, 오랜만에 커피 한잔을 마신 이 씨는 속이 더부룩하고 가스가 찬 듯한 복부의 불편감을 느꼈다. 계속되는 복통에 응급실을 찾은 이 씨. 5년 전 항상 시달렸던 그 병인 위염 진단을 받는다.

보험계약 시 이 씨는 위에 대한 전기간 부담보 조건으로 보험계약을 했다. 그렇다면 가입 후 5년 이후 같은 기관에 대한 질병으로 치료받은 부분에 대해서는 보상을 전혀 받을 수 없는 게 맞을까?

부담보 특별약관이라는 것이 있다.

이것은 이 사례처럼 신체의 어느 한 부분에 대한 치료나 진단을 받았다고 해서 보험 전체에 다 가입하지 못한다면, 보험에 가입하려는 사람이 거의 없을 것이다. 그래서 그 부분만을 제외하고 보장을 받을 수 있게 허락을 해주는 것이다.

병력에 따라, 진단명에 따라, 예후를 보고 그 기간은 1년~ 5년, 또는 보험 전체 기간에 대하여 보장 받을 수 없도록 조건을 거는 것이다. 만약, 보험계약 전기간 동안 부담보 조건으로 가입했다면 그 부분에 대한 보장은 되지 않는다. 그러나 부담보 기간이 2년으로 정해지고 계약을 승낙받았다면, 2년 후에는 약정한 부담보 조건의 기간이 끝나기 때문에, 부담보에 해당하는 신체기관에 질병이 발생해도 보장을 받을 수 있다.

이러한 전기간 부담보 약관도 2009년 4월 변경된 부분이 있다.

약관은 '보험계약기간의 보험기간으로 적용한 경우 최초 보험 청약일로부터 5년 이내에 부담보로 정한 부위에 발생한 질병 및 질병의 전이로 인해 발생한 질병, 또는 그 특정 질병으로 재진단 또는 치료를 받지 않은 경우에는 최초 보험 청약일로부터 5년이 경과한 경우에는 부담보 특별약관을 적용하지 않습니다'라고 변경하여 명시했다.

이 말은 어느 부위나 질병에 전기간 부담보로 가입했다고 하더라도, 5년 동안 그 부위 관련 진단 및 치료력이 없다면, 5년 후부터는 부담보로 계약되었던 그 부위에 대해서도 보장을 받을 수 있다는 뜻이다.

또 하나, 약관을 보면 '상해로 인한 경우에는 보장을 받을 수 있다'는 말이 포함되어 있다. 이는 곧 다리에 대해 부담보로 가입이 되었다고 하더라도 상해사고로 다리를 다쳤다면 이는 보상이 가능하다는 것이다.

현행 약관은 법률을 정해 놓은 것이기에 아무래도 일반 소비자가 이해하기에는 다소 어려운 용어 및 내용이 있다. 이런 점들 때문에 점차 보험약관도 쉽게 쓰려는 움직임이 보이고 있다. 무조건 어렵다고, 덮어놓고 장롱 구석에만 자리를 내어주지 말고 보험금 청구할 일이 생겼을 때는 한 번씩 꺼내어 살펴보길 권한다. 그래도 모르겠다면 담당 설계사를 통해 요청하고, 보험사를 통해 알아봐도 된다.

혹시 모르지 않는가? 안 된다고만 굳게 믿고 있었던 생각이 법적으로 된다는 것을 경험하는 순간이 내게도 찾아올 수 있을지도….

금감원 역시도 부담보가 5년 지나면 보험금을 지급해야 한다고 보험사를 지도하고 있음을 다음 신문기사를 통해서도 알 수 있다.

"부담보(특정보장인수제한 특약) 가입자 간의 형평성 문제로 분쟁이 많이 발생하자 금융감독원이 조치에 나섰다. 특히 약관에 없어도 청약일 이후 5년간 부담보가 설정된 신체 부위 혹은 질병으로 치료·확진을 받지 않으면 보험금을 주도록 했다.

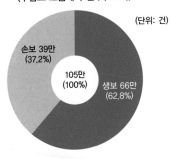

〈부담보 보험계약 건수(2013)〉

(단위: 건)

손보 39만
(37.2%)

105만
(100%)

생보 66만
(62.8%)

(출처: 금융감독원)

20일 업계에 따르면 금감원은 지난 2월 공문을 보내 부담보 업무와 관련해 설명의무를 강화하고 약관준용의 형평성을 맞출 것을 요청했다. 소비자가 부담보 부위·

질병 및 면책제외에 관한 설명을 제대로 듣지 못하거나 과거에
가입한 계약조건이 최근 가입자에 비해 불공평하다는 민원이 쇄
도하고 있어서다.

금감원 분쟁조정국 관계자는 '부담보 면책조항과 고지의무에 관
한 내용을 몰라 보험금을 못 받았다는 소비자들의 민원이 많이
들어온다'며 '또 과거의 부담보 계약 중에는 청약일 이후 5년간
부담보 부위·질병으로 확진을 받지 않으면 보험금을 주도록 하
는 내용이 약관에 없어 분쟁으로 이어지고 있다'고 말했다.

부담보는 특정부위 및 질병에 대해 보장하지 않는 조건으로 보
험가입을 받아주는 방식을 말한다. 2013년 기준으로 부담보 계
약건수는 생명보험이 66만 건, 손해보험이 39만 건으로 총 100
만 건이 넘는다. 일반적으로 부담보는 청약일 이후 일정 기간(보
통 3~5년) 동안 부담보 부위나 질병으로 진단받거나 치료받은
사실이 없으면 해제된다.

그러나 과거의 계약 중에는 약관에 이런 내용이 없어 분쟁으로
이어진 경우가 많다는 것. 이에 금감원은 약관에 부담보 해제기
간과 내용이 없는 과거 계약도 현재의 약관을 준용해 보험금이
지급될 수 있도록 가입자 간 형평성을 맞출 것을 요청했다.

또 부담보 민원으로 자주 들어오는 면책제외나 면책사항 등 보
험금 지급사유에 대해 소비자들이 보장되지 않는 부위와 기간
을 상세히 알 수 있도록 가입신청서에 관련 설명을 기재할 것을
요구했다. 보험금 지급에 관련해서 민원이 많은 만큼 이런 부분

에 대한 설명을 더 상세히 하라는 것이다.

이와 더불어 분쟁조정 시 부담보 업무처리의 적정성을 확인할
예정이다. 금감원 관계자는 '면책조항 등 보험금 지급사유에 대
한 설명의무를 강화하고 향후 부담보와 관련한 분쟁조정 시 업
무처리의 적정성을 면밀히 살펴볼 예정'이라고 전했다."

(한국금융신문 2014.4.21.)

체크
포인트

보험약관을 잘 살펴보라! 안 된다고만 굳게 믿고 있었
던 생각이 법적으로 된다는 것을 경험하는 순간이 내
게도 찾아올 수 있다.

미리 받는
보험금

　서 씨는 무역회사의 과장으로 한 달에 2~3번의 출장을 갈 정도로 고된 업무를 하며 생활하고 있다. 출장이 많으니 밤낮이 자주 바뀌고 식습관도 불규칙한 채 살고 있다. 덕분에 항상 만성위염과 만성피로에 시달리며 사무실 책상 위에는 각종 약이 수북이 쌓여 있다.

　새해가 되자 서 씨는 건강을 위해 운동을 하겠노라 결심을 하고 회사 앞 헬스장에 등록을 한다.

　새해 첫 출근, 단단히 마음을 먹은 서 씨는 퇴근 후 동료직원들과의 술자리를 뒤로 하고 헬스장으로 향했다. 새해부터 운동하겠다고 다짐한 사람들로 헬스장은 꽉 차있었다. 트레이너의 지시대로 준비운동부터 서서히 몸을 풀고 유산소운동과 근력 운동을 진행했다. 간만의 운동이라 몸의 여기저기가 쑤셨던 서 씨는 다음 날 근육통으로 고생하게 된다. 근육통은 생각보다 심각했다. 아래 허리 쪽의 근육부터 다리까지 심하게 당기기 시작했다. 대수롭지 않게 여기고자 했지만, 다음 날도 근육통은 쉽게 사라지지 않았다.

며칠 후 증상이 호전되지 않자 회사 근처의 병원을 찾아 검사를 받았다. 단순한 근육통으로만 알았던 서 씨는 의사로부터 척추협착증이라는 진단을 받는다. 그리고 바로 입원하여 수술을 받아야 한다는 말도 듣는다. 서 씨는 입원을 해야 한다는 의사의 말에 병보다 병원비가 먼저 걱정이 되었다. 회사의 재정상황이 좋지 않아 몇 달째 월급을 받지 못하는 상태였기 때문이다. 입원은 해야 하고 재정 상황은 좋지 않자, 서 씨는 담당 설계사에게 보험금을 최대한 빨리 받을 수 있는 방법이 있는지를 물었다.

보험약관을 살펴보면 보험금 가지급제도라는 것이 있다.

지급기한 내에 보험금이 지급되지 못할 것으로 판단될 경우 예상되는 보험금 일부를 먼저 지급하는 제도로 이는 피보험자가 당장 필요로 하는 비용을 보전해주기 위해 회사가 먼저 지급해주는 임시급부이다. 그러나 실상은 소비자들에게 알려져 있지도 또한 홍보도 되어 있지 않은 제도이다.

고객 대부분은 이런 제도가 있는지조차 모른다. 원래 가지급제도는 손해보험상품에만 적용되고 있다가 지난 2002년부터 금융당국이 이 제도를 확대·시행하면서 생명보험에도 적용하기 시작했다. 손해보험사에서 실제로 가지급된 건수는 2012년 기준으로 2만 4,413건, 생보사는 정확한 집계가 나오지 않았다. 암이나 뇌·심장 관련 질환을 앓고 있는 환자들은 치료비용에 대한 부담이 크므로 보험금을 미리 받아서 활용할 수 있다면 경제적으로 큰 도움이 된다.

그러나 이런 제도를 알고 실제 활용하는 소비자는 그야말로 찾아보기 어렵다. 보험상품을 판매하고 있는 보험설계사조차도 모르고 있는 경우가 태반이기 때문이다. 물론 가지급을 전부 받는다고 해서 좋은 것은 아니다. 만약, 가지급금을 받았는데, 보험사고의 조사가 끝나고 난 후 약관의 지급사유에 해당하지 않는다거나, 또는 고지의무위반 요건과 관계있어 보험금을 받을 수 없는 결과가 나왔다면 받은 보험금을 다시 보험사에 돌려주어야 하는 경우가 있기 때문이다.

소비자 대부분이 모르는 이러한 보험금 가지급금 제도가 널리 이용되도록 금융위원회는 표준약관을 바꾸고 청구권을 강화하기도 했다.

"보험사의 입맛대로 나오던 '보험금 가지급금'이 의무적으로 지급될 수 있도록 표준약관이 바뀐다.

금융위원회는 소비자의 보험금 가지급금 청구권을 강화하는 등 그동안 소비자에게 불합리했던 금융 관행을 개선한다고 5일 밝혔다. 금융위는 우선 2002년부터 보험금 지급이 늦춰질 때 긴급한 의료비 사용 등을 위해 일부를 미리 지급하는 가지급금 제도를 운영했지만, 미흡하다는 지적이 많아 손질하기로 했다. 2012년 손해보험사의 가지급금 지급 건수는 2만 4,413건으로 집계됐다. 반면 생명보험사는 가지급금 지급 관리가 미흡해 통계조차 안 나오는 실정이다.

가지급금 제도는 현행 표준약관에 규정돼 있지만, 지급과 관련해 임의와 강행 규정이 혼재돼 있다. 생명보험 표준약관에는 '보험금을 우선적으로 가지급할 수 있다'고 규정된 반면, 질병상해

보험 표준약관엔 '보험금의 50% 상당액을 가지급 보험금으로 지급한다'고 명문화했다. 이에 따라 뚜렷한 기준 없이 생명보험사가 맘대로 지급 여부를 결정한다는 주장이 제기됐다. 생명보험에 가입한 상당수 소비자도 이에 대한 불만을 드러냈다.

금융위는 올해 소비자가 가지급금을 청구할 때 무조건 지급해야 하는 방향으로 보험 표준약관을 개정하기로 했다. 또 올 2분기부터 보험사가 가지급금 지급 절차에 대한 안내와 홍보를 강화해 소비자의 가지급금 청구권을 활성화할 계획이다. 금융위 관계자는 '앞으로는 보험금 지급 지연으로 서면과 전자우편 등을 통해 안내장을 보낼 때 가지급금 신청과 지급 절차에 대한 내용도 별도로 안내해야 한다'고 말했다."

(서울신문 2014.01.06.)

보험 따라잡기 6. 보험금의 지급 - 약관규정(생보)

계약자, 피보험자 또는 보험수익자는 계약 전 알릴 의무 위반 효과 및 제1항의 보험금 지급사유 조사와 관련하여 의료기관 또는 국민건강보험공단, 경찰서 등 관공서에 대한 회사의 서면에 의한 조사요청에 동의해야 합니다. 다만, 정당한 사유 없이 이에 동의하지 않을 경우에는 사실확인이 끝날 때까지 회사는 보험금 지급지연에 따른 이자를 지급하지 아니합니다.

회사가 보험금을 지급사유의 조사 및 확인을 위해 지급기일 이내에 보험금을 지급하지 못할 것으로 예상되는 경우에는 그 구체적인 사유, 지급예정일 및 보험금 가지급 제도에 대하여 피보험자 또는 보험수익 자에게 즉시 통지하여 드립니다. 다만, 지급예정일은 다음 각호의 어 느 하나에 해당되는 경우를 제외하고는 보험금 청구 시 구비서류에서 정한 서류를 접수한 날로부터 30일 이내에서 정합니다.

➔ 소송제기
➔ 분쟁조정신청
➔ 수사 기관의 조사
➔ 해외에서 발생한 보험사고에 대한 조사
➔ 회사의 조사요청에 대한 동의 거부 등 계약자, 피보험자 또는 보험 수익자의 책임있는 사유로 인하여 보험금 지급사유의 조사 및 확인 이 지연되는 경우
➔ 보험금 지급에 관한 세부규정에 의하여 장해지급률에 대한 제3자 의 의견에 따르기로 한경우

장해지급률의 판정 및 지급할 보험금의 결정과 관련하여 보험금 지 급이 지연되는 경우에는 보험수익자의 청구에 따라 회사가 추정하는 보험금을 우선적으로 가지급할 수 있습니다.

수술 아닌
시술로 치료한
간암의 암 수술비 보상

전 세계 유병률 6위, 남성 사망률 3위, 침묵의 암.

바로 간암이다. 최근 들어 유병률이 점차 높아지고 있는 암임에도 별다른 증상이 없어 조기 발견이 어렵다. 이 때문에 간암은 발견 당시에 이미 병기가 3~4기에 달하는 경우가 많은 암이기도 하다.

60대 이후에 발병이 많았지만 요즘에는 40대 사이에도 유병률이 점차 증가하고 있다. 간암의 발생기전은 확실히 밝혀지지는 않았다. 그러나 만성 B형간염과 C형 간염, 간경변 등과 인과관계가 있을 것으로 보고 있다. 술잔을 돌리는 한국의 음주문화로 인한 간염의 감염도 영향이 크다.

80년대 후반에 들어 간염 환자 발생이 많아지면서 술잔 돌리기나 자신이 사용한 컵의 다른 사람 재사용, 같은 식기 사용 등을 자제하며 간염 전염되지 않도록 전 국민이 신경 섰던 때가 있었다.

그러나 그때뿐, 일부 개신되기도 했지만 전통적인 우리 음시문화, 술자리 문화는 생각처럼 쉽게 바뀌지 않고 있다.

간암으로 보험금 청구를 한, 50대 후반의 강 씨.

건강보험공단의 권유 검진을 받으러 동네 병원에 내원했다가 검사상 간암이 의심되어 3차병원 재검진 처방을 받았다.

수차례 검사를 통해, B형간염 진단과 함께 간의 종양이 다발성으로 확인되었다. 악성종양이 의심되었으나 담당 의사는 수술을 해서 종양을 적출하기에는 무리가 있을 것으로 진단을 내렸다. 조직검사 또한 시행 받을 수 없어, 혈액검사와 다른 검사로 암 진단을 내렸고, 간동맥 화학색전술과 항암 치료를 시행 받았다.

우리의 신체 부위 중 간과 뇌, 이 두 부위는 종양이 생겨 암이 의심되더라도 종양을 적출하지 못할 때가 생긴다. 수술 중 생길 수 있는 사망이나, 마비 등의 위험성 때문이다.

또한 조직검사도 할 수 없다. 그래서 이런 경우는 조직검사가 아닌 혈액검사, CT, MRI 등 다른 검사를 통해 임상학적 추정진단을 내리고, 항암 치료 등 다른 치료법으로 대체한다.

강 씨는 3차병원에서 간동맥 화학색전술을 받고 퇴원했지만, 몸의 상태가 좋지 않아, 담당의는 인근 요양병원으로 입원을 권유했다. 입원 중 다시 3차 병원으로 항암 및 방사선 치료 등을 받으러 주 3회씩 매주 통원을 했다. 통원을 위해 3차 병원으로 내원하지 않는 날에는 요양병원에서 달리 치료를 받지는 않았다.

이 피보험자의 보상에 대한 세부내용을 약관과 함께 살펴보자.

암 진단비: 약관상 암의 조직검사를 할 수 없는 경우, 즉 이런 방법으로 진단이 가능하지 않을 경우, 암으로 치료받고 있음을 증명할 문서화된 기록 또는 증거가 있으면 지급이 가능하다고 명시되어 있다.

암 수술비: 보통 약관상 수술의 정의는 암으로 진단받고 암의 치료를 직접적인 목적으로 암 종양의 절제, 적출 등을 해야만 지급할 수 있다. 그러나 최근 신의료 기술이 도입되면서, 약관의 수술 정의에 정확히 일치하지 않아도 그에 준하는 근치적인 시술일 경우에 검토 후 지급하는 경우가 있다.

암 입원 일당: 요양병원에 요양목적, 즉 보존치료 및 면역, 재활치료를 이유로 입원한 경우는 암 입원 일당의 지급대상이 아니다. 암의 치료를 직접적인 목적으로 입원해야만 지급 받을 수 있다.

암 진단비는 조직검사를 할 수 없는 경우였으나 다른 검사를 통해 암의 진단을 받고 암 치료를 받고 있었음이 문서상 확인되어 지급됐다.

간동맥 화학색전술의 경우, 간을 절제할 수 없는 경우에 시행된다. 간종양의 치료에 가장 많이 시행되고 있는 시술로, 간의 종양에 영양을 공급하는 혈관을 찾아 항암약물제를 투여해 그 관련 혈관을 막아주는 치료법이다. 근치적 치료에 준하여 암 수술비를 지급하고 있다.

암 입원비의 경우는 요양의 목적으로 입원해(요양병원에 입원 시, 실제 기록상 치료받은 부분이 전혀 없었음) 3차 병원의 항암 방사선치료를 위해 통원한 기간만 암 입원비으로 인정, 나머지 암 입원비는 면책 처리됐다.

간동맥 화학색전술은 사실 수술이 아닌 시술이다. 약관에서 정의하는 암 수술비에 해당하지 않지만, 근치적 치료에 준한다고 하여 보험사에서는 암 수술비를 지급하고 있다. 간암으로 진단받고 수술치료법의 경우 크게 몇 가지로 나눌 수 있다.

첫 번째, 종양이 생긴 부위와 함께 간 일부를 절제하는 간 절제수술이다. 그러나 이것은 일부 예후가 좋은 행운의(?) 환자들만 수술을 받을 수 있다. 다른 장기도 신체에서 중요하지만, 간은 절제를 한다고 수술을 하는 순간 자칫하면 간부전으로 사망할 수 있는 치명적인 위험이 따른다. 그래서 이 수술은 할 수 있는 환자의 비율이 극히 낮다.

두 번째는 위의 사례와 같은 색전술을 받는 것이다. 실제로 가장 많이 시행되고 있는 방법이다.

마지막으로 어떤 수술이나, 시술을 하지 못하고 바로 항암 방사선 치료를 시행 받는 것이다.

이외에도 암으로 진단 시 치명적 위험성으로 수술치료를 받지 못하고 다른 대체치료를 하는 경우가 최근 들어 많이 발생한다.

참고로 뇌종양의 치료에 시행되고 있는 사이버나이프 감마나이프 수술은 일반 마취상태에서 종양을 절제하지 않고, 밖에서 초음파, 방사선을 이용하여 주변 조직의 손상 없이 목표종양을 순식간에 태워 죽이는 비침습적 치료방법이다. 이 방법은 약관에 명시해 놓은 보험사에서만 수술비를 지급하고, 그렇지 않은 회사들은 수술비를 면책하기도 하여 분쟁이 많다.

최근 의학기술의 발달로 암 수술에 대해 신종수술법이 계속 개발되어 이런 치료법들이 의료계에서는 보편화하여 가고 있는데, 약관은 그에 따른 시대 변화를 반영하지 않고 있어서 수술 정의를 일부 변경해야 할 필요가 있다고 생각한다.

암으로 진단받고 암으로 치료를 받았다고 해서 암 관련 특약들이 전부 보장이 되는 것은 아니다. 약관의 경우에 합당하여야만 지급의 대상이 되며, 암 치료와 상관이 없는 부분에 대해서는 삭감하여 지급되기도 한다.

간암의 경우 평균 치료비가 약 7천만의 비용이 든다는 통계가 있다. 다른 암과 비교 시 치료비용이 많이 들어가는 암이다. 그러나 이것은 말 그대로 평균 치료비용일 뿐, 암 진단 후 기타 치료비용과 실직으로 인한 생활비 등을 포함한다면 총 필요비용은 감당할 수 없을 만큼 늘어날 수밖에 없다.

이번 기회에 자신이 가입해 놓은 암보험의 관련 특약 중 빠진 담보는 없는지, 한번 꼼꼼하게 살펴보자.

만약, 가입한 암보험이 없다면 또는 암 진단비가 턱없이 부족하다면,

나중에, 나중에 가입해야지 하고 시간만 끌다가는 다음은 내 차례가 될 수도 있으니, 적용이율 인하, 보험료 인상이 되기 전 하루라도 빨리 암진단비보험을 업그레이드하는 게 현명하다는 것을 잊지 말자.

체크
포인트

종양 적출을 못 할 수도 있는 간과 뇌는 다른 치료법이 시행될 수도 있다. 자신의 암진난비보험 약관을 체크하고 다른 치료법일 때도 보험금을 받을 수 있는지 미리미리 대비하자.

4장

착각하기 쉬운 보험금의 진실

우울증도
실손에서
보험금이 나온다

멀쩡하게 생긴, 하지만 눈의 초점이 흐린 한 남자가 경찰서의 문을 열고 들어선다. 그리곤 조용히 실종 신고를 한다. 어리둥절해 하는 경찰관에게 실종자의 이름은 '김진영'이라고 밝힌다. '김진영'이라는 이름은 그의 집 거실 식탁에서 발견한 약봉지 위에 쓰인 이름이다. 영화 '나를 잊지 말아요'의 이야기다.

10년 전 일어난 큰 교통사고로 가족, 친구, 자신의 이름까지 모든 기억을 송두리째 잃어버린 석원. 1년간의 긴 재활치료로 삶은 송두리째 바뀌었지만, 석원의 몸은 걸을 수 있을 정도로 회복되었다.

어느 날 교통사고로 후유증으로 남은 정신질환을 치료하기 위해 병원을 찾은 석원. 맞은편 의자에 앉아 석원을 보고 이유 없이 눈물을 흘리는 낯선 '진영'과 마주친다. 10년의 기억이 없는 석원에게 모든 게 새롭고 낯설었지만 진영과 함께하는 시간은 이상하리만큼 편했고, 둘은 급속도로 가까워지고 결혼을 약속한다.

사고 전 석원은 친구와 함께 로펌을 운영하는 잘나가는 변호사였다. 친구의 도움으로 제자리로 돌아와 여느 날처럼 의뢰인의 변호를 맡고 일상생활을 하려고 애쓰지만 중간중간 기억의 조각, 이어지지 않는 기억들이 삶의 순간에 불쑥 찾아 들어온다. 그 기억의 조각을 퍼즐 맞추듯 석원은 근원을 찾아 하나하나씩 풀어나간다.

석원은 진영과 결혼했었고 그 사이 동운이라는 아이가 있었다. 석원이 겪은 그 교통사고로 아들이 죽었다는 끔찍한 기억까지 모두 떠올리게 된다. 찾고 싶었던 기억이지만, 찾는 기억이 더해질수록, 석원은 감당하기 힘들어한다. 스스로 견디지 못해 자해를 하고 다시 기억을 지우고, 진영과 새롭게 다시 결혼하고… 다시 찾아온 기억을 감당 못 하고….

이 같은 일은 반복적으로 10년 동안 계속된다. 진영은 그런 석원을 떠나지 못하고 다시 또 잊혀질 또는 기억될 퍼즐 한 조각을 맞추기 위해 둘만의 삶의 시나리오를 짠다.

교통사고 보험금 지급?

석원이 당한 교통사고는 우리가 잘 알듯이 자동차보험에서 처리한다. 따라서 병원에 사고로 인한 치료비용은 모두 보상받을 수 있다. 재활치료를 위한 모든 비용 역시 포함된다. 또한 사고로 직장을 다니지 못해 생긴 휴업손해 보상 위로금을 지급받는다. 만약, 이로 인한 후유장해가 남는다면 일정 기간 경과 후 그에 대한 보성도 받을 수 있다. 영화상 교통사고로 인한 석원의 1년 동안 재활치료와 정신질환은 당연히 보성되는 것이다.

그렇다면 개인이 가입한 보험에서 정신과 치료비는 어떻게 보상이 될까? 보험 중 정신질환 전용 상품은 없고, 일부 보험사에서 판매하는 특약 중에 정신과 질환으로 진단 시나 입원 시 보험금을 지급하는 상품이 있다.

예를 들어, 우울증, 틱장애 등으로 입원 시 입원비를 보장한다. 이런 정신질환에 대한 특약들은 주로 어린이보험에서 볼 수 있고 어린이들에게 많은 틱장애와 주의력결핍장애(ADHD) 등을 보장한다. 그러나 보장성 보험 중 가입률이 제일 높은 실손의료비보험에서는 치매를 제외한 정신과 치료비는 보상되지 않는다. 정신질환의 경우 발병 시점이 불명확하고 증상의 판단 유무도 어려워 보장에서 제외했기 때문이다.

그러나 2016년 1월 1일 실손의료비보험 가입자부터는 우울증, 소아청소년기 행동장애, 외상 후 스트레스 장애, 공황장애 등 일부 정신질환 치료 시 국민건강보험공단에서 인정한 급여부분은 보장을 한다. 기존 계약자도 변경신청을 하면 변경된 실손보장 내용으로 보장받을 수 있으니 참고하자.

2016년 01월 1일, 실손의료보험 표준약관 변경, 무엇이 달라졌나?

2009년 10월 이후 손·생보는 실손의료비보험에 대한 공통약관을 사용하고 있다. 이후 여러 번의 추가 및 개정을 거쳤고 2016년 1월 또다시 약관을 대폭 개정했다. 따라서 그동안 문제점이 있던 부분과 애매했던 부분들을 개선했다.

〈 실손의료보험 표준약관 주요 개정내용(요약) 〉

구분	현행	개정	적용대상
1. 실손의료보험금 지급기준 명확화			
1 퇴원시 처방받은 약제비를 입원의료비에 포함	퇴원시 처방받은 약제비가 입원비(최대 5천만원)인지 통원비(1회당 30만원)인지 모호	퇴원시 처방받은 약제비는 입원의료비(최대 5천만원)에 포함	신규계약/기존계약
2 중복계약의 자기부담금 공제기준 명확화	중복계약에 대한 보험금 지급시 자기부담금 공제 여부가 불명확	중복계약에 대한 보험금 지급시 자기부담금을 공제	신규계약
3 소비자가 알기 쉽게 보장이 되는 항목을 명시	보장이 됨에도 면책사항으로 오인될 수 있어 소비자가 청구를 포기하거나 일부 보험사는 보험금을 미지급	면책사항으로 오인되거나 소비자가 놓치기 쉬운 보장 항목을 약관에 명확히 기재	신규계약/기존계약
2. 실손의료보험금 보장범위 확대			
1 일부 정신질환(급여에 한함)을 보장대상에 포함	〈신설〉 ☞ 현행 치매만 보장	우울증, 소아청소년기 행동장애 등 일부 정신질환 치료시 급여의료비 보장	신규계약
2 입원의료비 보장기간 확대	입원 치료시 최초 입원일로부터 1년이 경과하면 90일간 보장하지 않고 그 이후부터 다시 보장	보장한도(예: 5천만원)에 도달할 때 까지는 입원 기간에 상관없이 계속 보장 (5천만원까지 지급한 경우에만 90일간 보장하지 않음)	신규계약
3 산재보험에서 보장받지 못한 의료비의 보장한도 확대	산재보험에서 보장받지 못한 의료비에 대해 40% 지급	산재보험에서 보장받지 못한 의료비에 대해 80% 또는 90%까지 보장	신규계약
3. 가입자의 과잉의료 방지(보험금 누수 방지)			
1 비응급환자의 응급실 보장(응급의료관리료) 제외	〈신설〉	상급종합병원 응급실 이용시 '응급의료관리료' 보장 제외 (단, 응급의료관리료 이외의 의료비는 보장)	신규계약
2 자의적인 입원에 대한 통제 장치 마련	의사의 지시를 따르지 않더라도 증상이 악화된 경우에만 보장하지 않음	증상 악화 여부를 불문하고 의사의 소견과 무관하게 자의적으로 입원한 경우 보장하지 않음	신규계약

구분	현행	개정	적용대상
4. 가입자 권익 강황 및 편익 제고			
1 불완전판매로 인한 중복가입시 계약자 피해 구제 수단 마련	〈신설〉	회사의 중복계약 확인 또는 비례보상 설명 미이행으로 중복가입하게 된 경우, 가입자는 5년 이내에 기납입보험료(이자포함)를 돌려받을 수 있음	신규계약
2 해외 장기체류시 실손의료보험 중지제도 도입	〈신설〉	3개월 이상인 해외실손의 로비에 가입하는 경우 실손보험료 납입을 중지하거나, 귀국 후 3개월 이상의 해외체류사실 입증시 해당기간의 납입 보험료를 돌려받을 수 있음	신규계약/기존계약

※ 시행일: 2016.1.1.부터
 - 신규계약: 2016.1.1. 이후 체결되는 계약
 - 기존계약: 2009.10. 이후 판매된 표준화 실손상품에 가입된 계약

[출처: 2015.12.30. 금융감독원 보도자료]

'암 입원 일당'만
믿고 입원했다가는
큰코다친다

최근 암의 조기발견율이 높아지고 있다. 건강보험공단의 암 정기검진 및 직장 내 정기검진 등이 늘어났기 때문이다.

내가 만났던 중년 여성 최 씨는 공단에서 주기적으로 나오는 검진을 받으러 지역 병원에 내원했다가 2차 검진 권유를 받고 3차 병원에서 조직검사 후 유방암 3기 진단을 받았다. 그동안 병치레를 해본 적도 전혀 없고 건강을 자신했던 터라 암 진단을 받아들이지 못했다고 한다. 자각 증세인 가슴 쪽에 멍울이 잡히는 느낌도 없었고 2년 전 검진 때도 치밀유방이라는 것 외 유방 초음파상 특이사항도 없었다고 한다.

암환자들이 통상적으로 얘기하는 것 중 하나는 자각 증세인 전조증상이 생각보다는 별로 없다는 것이다. 그래서 암 검진은 주기적으로 받아야 한다. 특히 가족력이 있거나 나이가 어느 정도 된 사람들은 꼭 건강보험공단에서 나오는 권유 검진을 건너뛰지 말고 받아야만 한다. 이 검진을 통해 암을 발견하는 경우가 대단히 많기 때문이다.

최 씨는 바로 3차병원에서 수술 및 항암치료로 20일 정도 입원을 했다. 암 환자들이 항암치료 후 겪는 체력 저하와 식이조절 등의 이유로 최 씨는 안정이 필요했다.

입원이 더 필요하다는 판단하에 최 씨는 얼마 후 동네 인근의 요양병원과 한방병원에서 300일간 입원 치료를 받았다. 입원기간 동안 식이요법과 면역요법, 항암주사제와 한방치료를 병행한 후 관련 치료 내역과 소견서를 정리해 보험사에 암 입원 일당을 청구했다. 항암주사제로는 압노바, 헬릭소, 비타민과 침 뜸, 부항, 한약 등을 사용했다.

최 씨는 3차 병원에서의 치료를 마치고 보험사에 보험금을 한 차례 청구하여 암 진단비 등 관련 보험금을 지급받았다. 그리고 요양병원에서 퇴원하자마자 2차로 보험금을 청구했다. 얼마 후 보험사로부터 연락이 왔다.

의무기록지와 약관을 토대로 살펴본바 해당 입원치료는 암 치료를 직접 목적으로 한 것으로 볼 수 없어 지급 불가능하다는 내용이었다.

최 씨는 이에 대해 인정할 수 없어 "암환자들이 이렇게 치료를 하는 것은 당연하고 통상적인 방법이며, 병원에서 치료를 받았는데 거절하는 이유를 납득하지 못하겠다"며 반발했다. 또한 "치료비용이 많이 나왔기 때문에 가입된 암 입원 일당 특약만 굳게 믿고 있었다"며 면책안내를 수용하지 않았다.

암 입원 일당의 약관 정의를 잠깐 살펴보자.

'보험기간 중에 암 보장 개시일 이후 암으로 진단 확정되고, 그 이후 암의 치료를 직접적인 목적으로 4일 이상 계속 입원하였을 때, 각 3일 초과 1일당 입원 일당을 보험수익자에게 지급해 드립니다(이는 통상적인 기준으로 각 보험사 약관상 상이할 수 있다).'

위 사례와 관련한 법원 판례는 어떤지 들여다보자.

"압노바, 헬릭소, 비타민 등 약물이 암에 치료적 기능을 한다는 점에 관해 의학적으로 입증되지 않았고, 암 치료나 검사를 위한 의료장비가 구비되어 있지 않은 의료기관에서의 입원을 약관에서 정한 암 입원이라고 볼 수 없다."

약관과 판례에서 보듯이 암으로 진단받고 요양병원 입원 시에 암 입원 일당을 지급사유에 해당하지 않는 걸로 보고 있다. 요양병원에 입원하여 치료를 받는 부분은 통상적으로 면역요법, 재활요법, 식이요법 등 말 그대로 주 치료가 요양의 목적이기 때문이다.

보험금 심사 시에 해당 서류 검토를 우선적으로 하는데, 의무기록사본의 치료 내용이 무엇이었는지, 암의 직접적인 치료를 목적으로 입원했는지에 해당이 되어야 지급기준이 된다고 정의하고 있다. 즉, 항암치료나 방사선치료 등으로 인한 전신 쇠약, 치료 등의 후유증으로 인한 입원은 지급이 어렵다. 그래서 이로 인한 분쟁이 많은 것이 암 입원 일당이다. 간혹 입원이 불가피했다는 의사의 소견서를 첨부하는 경우도 있지만, 상응 치료가 없다면 그것만으로는 충분하지 않다.

참고로 실무에서는 말기 암의 경우 대학병원에 입원해도 별다른 치료를 할 수 없는 경우도 있기에 이런 경우는 일부 지급이 되는 케이스가 있지만, 제반 사항 검토 후에 지급의 타당한 사유가 충분할 시에만 그렇다.

사실상 완치가 불가능한 말기 위암 환자가 요양병원 입원 중 사망한 경우에 있어서 요양병원 입원을 암 입원으로 보는 판례(서울중앙지법 2003나56037)를 준용하여 의사의 소견, 환치 불가 등을 종합적으로 판단하여 적용, 결정하고 있다.

인생에서 가장 피해가고 싶은 질병 중 하나가 바로 암이란 질병이다. 그러나 최근 통계를 보면 평균수명까지 살 경우, 우리나라 사람 3명 중 1명이 암에 걸린다고 한다. 여성암 중 발병률이 제일 높은 암은 갑상샘암이고 유방암, 위암, 폐암, 간암 등이 뒤따르고 있다.

암의 조기발견율이 높아지고, 의학기술이 발전하면서 생존율도 높아지고 있다. 조기발견율 및 생존율이 높아진다는 것은 암환자들은 물론이고 잠재 암환자들이라 할 수 있는 우리에게도 희소식이 아닐 수 없다. 하지만 반대로 생각하면 그만큼 치료법이 진보하고 다양해지면서 치료비용이 더 많이 들어간다는 이야기이기도 하다.

조금이라도 부작용이 적고 조금이라도 회복이 빠른 수술법 및 치료를 선택하고 싶은 것이 환자의 마음이다. 3자 병원의 암 병동을 가본 사람이라면 누구든 알 수 있는 것이 있다. 바로 암환자들 사이에 존재하는 '부익부 빈익빈'이다. 보험을 꼼꼼하게 걱정 없이 가입해놓은 사람들은 그나마 치료비에 대한 걱정을 덜고 있지만, 그렇지 못한 환자들은 치료에 대한 고통보다 다음 치료에 대한 치료비 걱정을 앞서 하고 있다.

물론, 복지정책의 일환으로 국민건강보험공단에서 암환자들에 대한 치료비 감면을 해주고 있긴 하다. 그러나 대부분의 신기술은 공단에서 지원하는 급여 내용에 포함되지 않고 비급여에 해당하는데 신기술로 치료할 경우 공단 급여만으로는 치료비 해결이 불가능하다.

더군다나 암환자 10명 중 8명은 직장을 잃는다. 통계가 보여주듯 암 치료를 받는 이들 대부분이 직장생활을 포기하고 치료에 전념해야 하므로, 가장이 암으로 쓰러진 경우에는 생계가 당장 막막해진다. 자녀가 있는 경우는 생활비에 교육비까지 들어가야 하므로 암 진단 후 발생하는 여러 가지 필요비용은 기하급수적으로 늘어나게 마련이다.

이런 변화를 업고 최근 각 보험회사에서는 경쟁하듯 암보험을 신상품으로 출시하고 있다. 진단비를 한번 받으면 소멸되는 기존의 암보험은 물론 두세 번 이상 지급한다는 암보험도 늘어나고 있다.

설계사들은 진단비가 부족한 고객들에게 업셀링으로 진단비를 충분하게 보장받을 수 있도록 도와야 한다. 덧붙여 암환자들이 두려워하는 무서운 재발, 전이, 원발암에 대한, 즉 두 번째 암에 대한 치료비까지 받을 수 있도록 보장을 탄탄하게 채워주는 것이 좋다.

더 이상 암에 대해 '설마 나는 아니겠지' 생각하는 시대는 지났다. 3명 중 1명은 암에 걸린다. 사람 일은 한 치 앞노 모른디지 않는가?

지금 당장 가지고 있는 보험증권을 펼쳐서 내 진단금은 충분한지 살펴보길 권한다.

암 치료를 직접 목적으로 하지 않는 요양병원이나 한
방병원 등의 치료는, 완치가 불가능한 말기 암 환자
등 특수한 경우를 제외하고는 입원 일당을 지급하지
않는다.

CI보험의
암 진단비
지급거절

조기발견이 제일 중요한 질병이 암이다.

생존율 때문에도 그렇지만, 비용도 초기 발견과 말기 발견에 따라 2~4배까지 차이가 나기 때문이다. 최근에는 신의료기술과 각종 의학 장비들이 도입되면서 치료비용이 기하급수적으로 늘어났다.

조금 더 나은, 조금 더 부작용이 덜하다는, 고통이 덜하다는 치료를 받고 싶은 것이 암환자들의 심정이다. 거기에 각종 민간요법은 지푸라기라도 잡길 원하는 환자들의 간절함을 극대화시킨다.

송 씨는 50대 남자로 전립선염으로 몇 년 전부터 정기 검진을 받아왔다. 최근 해외출장 등 바쁜 업무로 1년 동안은 정기검진을 받지 못했다. 어느 날 동창으로부터 대장암 진단을 받은 친구의 이야기를 들은 송 씨는 잊고 있던 정기 검진이 생각났다.

며칠 뒤 검진을 받은 송 씨는 의사로부터 청천벽력 같은 말을 듣는다. 전립선암 초기진단. 설마 하는 생각이 현실로 되어 충격이 큰 송 씨에게

'다행히 병기가 진행되지 않은 초기라 다행'이라는 의사의 말은 들리지 않았다. '암'이라는 말만으로 밀려오는 두려움에 정신이 없었기 때문이다.

의사는 재빠르게 수술 및 치료에 대한 이야기를 시작했다.

전립선암의 수술방법을 여러 가지 소개하고 그중 의사는 첨단 수술법인 로봇 수술을 추천했다. 수술 비용은 1,500만 원 선이고 다행히 암이 초기라 항암치료 등은 하지 않아도 된다고 했다. 걱정과 달리 수술과 입원치료를 잘 마친 송 씨는 해당 설계사에게 전화해 보험금 청구를 위임한다.

얼마후 보험사 담당자에게 보험금이 지급된다는 내용의 안내전화가 걸려왔다. 송 씨는 받은 보험금으로 휴직한 동안의 생활비로 써야겠다는 생각을 하고 있었다. 한데 통장을 확인한 송 씨는 자신이 생각한 금액보다 훨씬 적은 보험금이 입금된 걸 보고 담당 설계사에게 전화를 한다.

무엇이 문제인지 송 씨의 보험과 약관을 살펴보자.

송 씨가 가입한 보험은 OO CI종신보험으로 '중대한' 질병에 대해 보장을 하는 상품이며, 약관에서 정의하는 '중대한 질병'에 걸렸을 때 사망보험금의 일부를 선지급해 주는 것이 가장 큰 특징이다. 중대한 질병에 걸렸을 때, 막대한 치료 비용의 보완을 위해 만들어진 상품이 CI보험이다. 중대한 암, 중대한 뇌졸중, 중대한 급성심근경색증 등을 주로 보장하고 있다.

'중대한 암'의 약관 정의는 다음과 같았다.

'중대한 암'이라 함은 악성종양 세포가 존재하고 또한 주위 조직으로 악성종양 세포의 침윤 파괴적 증식으로 특징지을 수 있는 악성종양을 말하며, 다음 각 호에 해당하는 경우 중대한 암의 보장에서 제외합니다.'

1. 악성흑색종 중에서 침범 정도가 1.5mm 이하인 경우
2. 악성흑색종 이외의 모든 피부암(C44)
3. 전립선암(C61) 중 초기전립선암(초기전립선암이란 Midified Jewett 병기분류상 stage B0 이하 2002년 TNM병기상 T1c 이하인 모든 전립선암을 말합니다.)
4. 갑상선암(C73) 또는 림프절의 이차성 및 상세불명의 악성신생물(암)에 해당하는 질병 중 갑상선을 일차부위로 하는 질병
5. 인간면역바이러스(HIV) 감염과 관련된 악성종양(다만, 의료법에서 정한 의료인의 진료상 또는 치료 중 혈액에 의한 HIV 감염과 관련된 악성종양은 해당 진료기록을 통해 객관적으로 확인되는 경우는 제외)
6. 대장점막내암(대장점막내암이란 대장의 상피세포층에서 발생한 악성종양 세포가 기저막을 뚫고 내려가서 점막고유층 또는 점막근층을 침범하였으나 점막하층까지는 침범하지 않은 상태의 질병을 말하며, 대장은 맹장, 충수, 결장, 직장을 말합니다.)
7. 병리학적으로 전암상태, 제자리암, 경계성 종양 등 "중대한 암"에 해당하지 않는 악성종양인 경우

송 씨가 가입했던 보험은 CI보험이었다. CI보험 약관에 나와 있듯이 CI보험에서 송 씨의 전립선암은 '중대한 암'에 해당하지 않는다. 이 때

문에 송 씨의 생각만큼 보상이 되지 않은 것이다.

CI보험은 '중대한 질병'에 대해 보장을 해주는 보장성 보험이다.

일반 건강에 진단비 보험상품과 달리 '중대한'이라는 말이 붙는다. 그래서 이 '중대한'이라는 말의 정의가 중요하다. 우리가 흔히 알고 있는 일반 암보험은 국제 질병분류코드에 해당하는 질병코드를 받고(암은 C로 시작되는 코드) 확정진단을 받으면 진단비를 보상한다. 분류코드는 세계질병학회에서 질병을 진단할 때 공통적으로 쓰는 코드라고 생각하면 쉽다.

그런데 CI보험에서도 질병분류코드를 동일하게 사용은 하지만 약관 정의가 더 길게 붙는다. 암의 경우는 해당하지 않는 암을 따로 분류해 놓았다. 급성심근경색증과 뇌졸중 진단에는 확정진단과 해당하는 질병분류코드를 받았다 하더라도 추가적으로 해당되어야 하는 부분이 덧붙어 있어, 이러한 모든 조건에 해당하지 않을 시에는 보상되지 않는다.

암보험과 2대질환(뇌졸중, 급성심근경색증)을 보장하는 진단비 보험을 CI보험과 같은 보험이라고 생각하는 소비자들이 많은데, 두 개의 보험은 서로 완전히 다르다. 그래서 보험가입 시 착각하지 않고 가입해야 낭패를 보지 않는다.

> **체크 포인트** ✔
> CI보험 약관에 덧붙은 '중대한'에 해당하는 암인지를 잘 살피고 보험금을 청구해야 낭패를 보지 않는다.

CI보험의
치명적 위험,
'중대한'의 범위

CI보험은 1983년 남아프리카의 생명보험사에서부터 시작되었다. 암·뇌졸중·심근경색 등 진단을 받았을 때 사망보험금의 일부를 지급하는 상품이었다. 우리나라에선 2000년도부터 판매되기 시작한 보험상품으로 현재까지 생보사가 꾸준히 판매하는 상품이다. 중대한 질병 발생 시 사망보험금의 50%에서 최고 100%까지 선지급을 해주는 종신과 건강보험의 혼합형태 보험으로 발전했다. 이후 5대 장기이식술, 말기신부전증 등 중대한 수술 및 진단 등도 포함되었고, 다양한 형태의 CI보험이 출시되었다.

중대한 질병 발생 시 막대한 치료비 및 그로 인한 실업, 경제적 어려움 등을 고려해 진단비 이상의 비용을 보완하는 기능을 해준다. 그래서 일반 보험에 비해 보험료가 20% 이상 비싸다. 최근에는 CI보험도 점차 진화해 암의 병기에 따라 진단비를 차별하여 지급하는 형태로까지 발전했다.

대기업 연구원으로 일하는 40대 A 씨는 회사 내 자주 방문하는 설계사의 끈질긴 설득으로 3년 전 CI보험에 가입했다. 보험료도 생각보다 비싸고 건강은 누구보다 자신했기에 보험가입을 하고도 썩 내키지 않았다. 매월 나가는 보험료가 무의미하다는 생각이 들어 해지하려고 마음먹던 차였다.

그날도 여느 날처럼 회사에서의 아침을 시작했다. 전날 과음한 탓인지 몸이 무겁고 숙취가 올라왔다. 오전 회의를 주관하는 위치에 있었기 때문에 몸을 추스르고자 건물 옥상 위로 바람을 쐬러 나왔다. 강하게 내리쬐는 햇볕을 받으며 간단한 맨손 체조를 시작하려는 순간 현기증이 나면서 어지러웠다. 그리고 몇 초 후 의식을 잃었다.

하루가 지나서 A씨가 눈을 뜬 곳은 대학병원의 중환자실. 온몸에 갖가지 의료기구가 꽂혀 있었다. 눈만 겨우 떴으며 아무것도 움직일 수가 없었다.

A 씨는 자발성 거미막 밑 출혈진단으로 개두술, 뇌동맥류 결찰술을 받았다. 그렇게 중환자실에서 일주일을 지냈고, 일반병실로 옮겼을 때는 어느 정도 움직이고 걸을 수 있었다. 뇌출혈 진단을 받은 다른 환자들의 예후와 비교했을 때, 기적과도 같은 놀라운 회복이었다. 처음 중환자실에서 깨어났을 때는 이대로 신체에 마비가 와 다시는 걷고 움직일 수 없을 줄 알았다.

무려 3개월의 병원 생활 동안 열심히 재활과 물리치료를 받고 정상적인 생활이 가능한 상태로 몸은 회복되었다. 그동안 가족의 고생도 이만저만이 아니었고, 가장으로서의 자신의 위치가 얼마나 소중한지 깨

닿게 되었다. 가족의 품으로 온전히 돌아오니 이제야 안심이 되었고, 다시 태어나는 기분이 들었다. 아무도 건강을 자신할 수 없다는 생각에 감회가 새로웠다. 정신을 차리고 뒤를 돌아보니, 치료비가 만만치 않았다.

A 씨는 담당 설계사에게 연락해 보험금 청구에 대한 도움을 요청했다. 보험을 해지하면 어땠을까 순간 아찔했다. 보험금 청구를 위한 서류는 다소 복잡했다. 여러 가지 구비서류를 챙겨 청구했지만, 추가 서류도 두 번이나 요청이 와 제출하는 번거로움이 있었다.

그로부터 2주 후 보험사로부터 온 답변은 질병 입원 일당 및 수술비는 지급, 뇌출혈 진단비는 부지급한다는 내용이었다. 가입한 보험의 특약에는 뇌출혈 진단비에 대한 내용이 있었기 때문에 당연히 지급된다고 믿었는데, 도무지 이해가 가질 않았던 A 씨는 곧바로 금감원에 이의를 제기했다.

한 달여의 기간 끝에 금감원의 최종 답변은 A 씨는 현재 명료한 의식 수준으로, 식사에 지장이 없고, 배변, 배뇨 및 목욕, 옷 입고 벗기 등에도 타인의 도움이 필요 없는 상태라는 소견으로 신경학적 결손이 보이지 않아 보험금이 면책된다는 내용이었다.

일반적으로 CI보험에서의 중대한 뇌졸중의 약관 정의는 거미막 밑 출혈, 뇌내출혈, 기타 외상성 머리내출혈, 뇌경색(증)이 발생해 뇌 혈액순환에 갑작스러운 차단이 생겨 일상생활에 기본적인 동작을 할 수 없을 정도로 영구적인 신경학적 결손이 나타나는 질병이다.

영구적인 신경학적 결손이란 주관적인 자각 증상이 아니라 신경학적 검사를 기초로 한 객관적인 신경학적 징후로 나타난 장애로서 장해분류표에서 정한 '신경계에 장해가 남아 일상생활 기본동작에 제한을 남긴 때'의 지급률이 25% 이상인 장해상태를 말한다.

진단 확정은 뇌전산화 단층촬영, 핵자기공명영상, 뇌혈관조영술, 양전자방출단층술, 단일광자전산화단층술, 뇌척수액검사를 기초로 신경학적 결론에 일치되게 '중대한 뇌졸중'에 특징적인 소견이 발행 당시에 새롭게 출현해야 한다는 말도 덧붙는다.

일반적인 보험에서 의학적인 검사상 뇌졸중에 해당하는 질병분류코드에 확정진단을 받고 진단비를 청구하는 경우와는 확연히 다르다. '중대한'이라는 약관 정의에 부합이 되어야 하기 때문에 소비자의 입장에서는 더 어려운 보험으로 느껴진다. 따라서 이로 인해 분쟁과 민원이 많이 발생하기도 한다.

분명, CI보험이 갖는 장점이 있다. 중대한 질병에 걸렸을 때 사망보험금의 일부를 선지급해 치료비 및 소득상실 대비책으로 활용할 수 있다는 점이다. 그러나 여기에 '중대한'이라는 한정이 붙기 때문에, 그에 해당하지 않는 부분들은 보장에서 제외된다. 부족한 부분은 선택 특약이나 다른 상품으로 채워줘야 한다.

이에 대한 내용은 일반 소비자들은 자세히 모를 수 있다. 그래서 반드시 믿을 수 있는 설계사를 통해, 현재 내가 가입하고 있는 보험상품에 대해 분석을 의뢰하고 만약 부족한 것이 있다면 보험을 한 번쯤 리

디자인할 필요가 있다.

무조건 많은 상품에 가입하는 것이 득이 아니라, 최대한 빠짐없이 가입하는 것이 현명하다는 것을 잊지 말자.

체크 포인트

CI보험은 중대한 질병에 걸렸을 때 사망보험금의 일부를 선지급해 치료비 및 소득상실 대비책으로 활용하는 이점이 있다. 그러나 '중대한'이라는 한정이 붙기 때문에, 그에 해당하지 않는 부분들은 보장에서 제외된다는 사실을 알고 부족한 부분은 선택 특약이나 다른 상품으로 채워줘야 한다.

선천적
질병 관련 보험금

선천성 심장질환의 10%를 차지할 정도로 선천성 심장질환 중 발생 빈도가 높은 '심방중격결손(ASD)'에 대해서 알아보자.

심방중격결손이란 좌우 양 심방 사이의 중간 벽에 구멍이 생긴 경우로, 이 구멍을 통해 좌심방에서 우심방으로 피가 흘러들어 가면서 많은 피가 폐로 들어가는 병이다. 이 질환은 사실은 누구나 태아 때 가지고 있다가 출생 후 자연스럽게 폐쇄되는 것이 정상이나, 자연적으로 막히지 않고 남아있는 경우라고 보면 된다.

신생아나 1~2세경 발견되는 경우도 있으나 증상이 없다가 20대 이후 성인이 된 후에 운동 시, 부정맥 등으로 발견되는 경우가 있곤 하다. 신생아의 경우 발견되고 난 후 자연 폐쇄도 있으므로 대개는 2~3년 정도 6개월 간격으로 구멍의 크기를 지켜보기도 한다. 간혹 드물게 심부전이나 폐동맥 고혈압이 생기거나, 성인의 경우 심부전이 동반될 수도 있으므로 발견 즉시 치료를 해야 하는 질병이다.

심장 초음파를 통해서 정확한 위치와 크기를 확인하고 수술을 할 것인지, 아니면 시술을 할 것인지(최근 시술시행도 하고 있음)를 결정하게 된다. 일반적으로 수술로 치료가 가능하며, 부작용과 위험성은 매우 낮고, 수술 후 증상이 사라진다.

또한 최근에는 최소 침습수술, 최신 의료기술을 도입, 다빈치를 이용한 로봇 수술 방법 등도 시행하고 있다. 이런 수술법은 흉터가 4~5cm 정도이며 우측 가슴 아랫부분으로 하기 때문에 흉터가 잘 보이지 않는다는 장점이 있다. 수술을 하고 입원치료를 한다면 치료비는 대개 1천만 원가량(비급여 포함) 드는 만만치 않은 질병이다

평소 운동을 좋아했던 40대 중반의 소 씨는 회사동료들과 등산 한번 가자고 말로만 하다가 등산을 실제 기획했다. 날은 좀 추웠지만, 아직 눈이 녹지 않은 하얀 산을 동료들과 오르고 있었다. 오랜만에 마음속 깊은 곳까지 상쾌해지는 기분과 뭔지 모를 희열을 느꼈다.

정상이 가까워질수록 숨이 차는 느낌이 들었고 그 이후 기억이 없었다. 정상에 오른 동료들은 동료 한 명이 보이지 않자 오던 길을 다시 내려갔다. 정상 근처에 소 씨가 쓰러져 있는 것을 발견했고 119를 불러 후송되었다.

검사 후 심방중격결손증으로 진단되었고, 소아청소년과를 통해 심장외과에서 수술을 받았다.

모든 수술 및 입원치료가 끝나고 6개월가량 지난 후 보험금을 청구했다. 일상생활에 무리가 없을 정도로 거의 회복이 된 상태였다.

청구 시 제출한 서류에는, 검사상 심방중격결손증에 해당하나 진단서상에는 Q코드가 아닌 다른 코드가 기재되어 있었다. 보험사 직원은

정확한 질병분류코드 확인을 위해 담당의에게 소견서를 요청했으나 거부했다. 계속된 요청에도 담당의는 거절했고, 결국 소 씨의 동의하에 제3 의료기관의 심장전문의에게 의료자문을 요청했다.

자문의의 소견은 심방중격결손은 선천적 질병으로 질병분류코드상 Q코드에 해당한다는 것이었다.

심방중격결손증은 잘 알려졌다시피 선천성 질환으로 진단 코드는 Q코드, 주로 Q21로 분류된다.

선천성 질환임에도 어릴 때는 나타나지 않다가 20대 이후 운동 중 발병하여 심방중격결손증을 알게 되는 경우도 꽤 있다. 소씨가 가입한 해당 상품은 선천성 질환은 보상하지 않는 질병으로 분류되어 있는 상품으로 청구한 보험금은 면책이다.

같은 상품이라도 해가 지나거나 상품 내용이 변경될 때마다 보험약관은 여러 번 개정을 거친다. 보장내용에 대한 문구가 삽입이 되거나 삭제되는 부분도 생긴다.

선천적 질병에 대한 보장 부분(각 담보마다 다를 수 있음)도 상품마다 Q00~04까지는 보장하지 않는 상품이 있고, Q00~Q99까지 보장이 안 되는 상품이 있다. 그러나 이것 역시 태아보험의 경우라면 보장이 또 달라질 수 있다.

최근 보험사의 보상 부분에 맞서 소비자의 피해 부분이 증가한다는 목소리와 똑똑해진 소비자들이 자신의 권리를 제대로 찾자는 움직임을 보이고 있다.

응당 권리를 행사할 수 있고 보상받을 수 있는 부분에서 누락이 되거나, 보험사로부터 강제합의 요청 등 피해가 야기될 시에는 계약자 및 피보험자의 권리를 바로 찾아야 하는 것이 맞다. 그러나 그전, 반드시 해당 상품의 약관을 먼저 살핀 후 대응해야 함을 잊지 말자.

체크 포인트

선천적 질병에 대한 보장에서도 자신의 권리를 찾되 보장 부분은 싱품미디 디르ㅁ로 먼저 해당 상품의 약관부터 파악하고 대응하자.

보험가입 전
위궤양 치료와
위암 진단비

백화점 화장품 슈퍼바이저로 일하고 있는 36세 여자 양 씨.

백화점은 주말에 고객이 많아 쉴 틈이 없다. 늘 불규칙한 식사와 늦은 저녁, 야식 등으로 양 씨의 위는 편한 날이 없다. 덕분에 동네 약국에는 항상 양 씨를 위한 양 씨에게 잘 맞는(?) 한방과립의 위염 약을 갖춰 놓았고 양 씨는 이 약으로 버티고 있었다.

"늘 식사가 불규칙하고 밤늦게 폭식을 하니 위가 안 좋지요. 병원 가서 검사 좀 받아보셔야 할 것 같은데, 시간 내서 꼭 한번 가보세요. 제 말 들으세요."

위염약의 장기복용이 지속되자 보다 못한 약사가 병원 검사를 권유한다.

그날도 백화점 주말근무일, 전날 과음에 새벽까지 잠도 못 자고 화장실을 들락거렸다. 겨우 옷을 주섬주섬 챙겨입고 백화점으로 출근해서 오픈 준비 중이었다.

그런데 갑자기 명치 끝부터 시작된 복통, 양 씨는 허리를 펼 수가 없었다. 통증은 점차 온몸으로 뻗치는 느낌이 들었고 옆에서 지켜보던 동료는 다급한 마음에 구급차를 불렀다. 병원에서 검사를 받은 양 씨의 진단명은 위암 의증. 내시경을 통해 조직검사를 한 양 씨는 위암 2기로 진단받았다.

충격을 받아들일 틈도 없이 의사는 수술방법에 대해 바로 부연설명을 했다.

위암 진단 시 수술방법은 4가지가 있다. 우리가 상식적으로 생각할 때 악성종양이 발생하면 종양 절제술을 해야 한다.

첫 번째가 내시경적 절제술이다. 내시경을 하면서 잘라내는 것. 이것은 암의 병기가 초기여야 가능하다. 두 번째는 개복술, 세 번째는 복강경 수술, 복부에 구멍 3개를 뚫어서 가위 하나, 카메라 하나, 집게 하나, 이렇게 넣어서 잘라내는 방법이다. 마지막이 로봇 수술이다. 로봇 수술은 복부에 구멍 6개를 뚫는다. 대표적인 개복술과 비교를 해보자면 일단 절개를 덜 하고 개복을 덜 하니 회복이 빠를 것이고, 환자가 느끼는 고통도 덜하다. 출혈이 덜하니 당연히 수혈 확률도 덜하고 그에 따른 감염 위험과 부작용도 덜하다. 의사는 환자에게 맞는 여러 수술법을 얘기하고 그중 선택을 할 수 있다면 로봇 수술을 권할 수 있다.

이런 이점이 있어 의사들도 로봇 수술을 권하기도 하지만 이 로봇 수술은 국민건강보험공단에서 전부 비급여로 빠진다는 점이다. 이외에도 내부분 신기술은 공단에서 급여내용에 포함되지 않고 비급여에 해당되고 있다.

양 씨가 선택한 수술은 로봇 수술. 여러 정황으로 봤을 때 가장 안전하고 회복도 빠르다는 의사의 말을 믿기로 했다. 병원비가 걱정되었지만, 얼마 전 가입한 실손의료비보험이 있으니 그것으로 해결하면 되었기 때문이다.

수술과 입원, 항암치료를 모두 끝낸 양 씨는 보험금을 청구했다. 보험회사에서는 가입한 지 얼마 되지 않았다며 이것저것 확인 후 보상 여부를 결정하겠다는 연락이 왔다.

그로부터 한 달 뒤 보험금을 지급할 수 없다는 연락이 왔다. 근거는 가입 전, 만성위궤양으로 진단받고 30일간 약 복용을 했으며 치료의사의 소견상 현재 청구한 위암과 인과관계가 있다는 것이었다.

청약 시 가입 전 알릴 질문사항에서 묻고 있는 부분에 대해서는 반드시 사실대로 알려야 한다. 그렇지 않으면 추후 계약 후 보상 시에 문제가 될 수 있다. 보험회사로서는 만약 어떠한 질병으로 치료받고 있는 사실이나 받았던 내용이 있다면, 이를 계약 시 반영해 보험계약의 인수 여부를 결정하기 때문이다. 또 계약 내용에 영향을 줄 수 있는 병력이라면, 적어도 그렇지 않은 사람들과 같은 조건으로 계약을 승낙하지 않을 것이기 때문이다.

이 사례에서 보듯 만약 위궤양에 대한 치료내용을 회사에 알렸더라면, 적어도 위에 대해선 5년간 또는 전기간 부담보로 계약을 인수했을 중요한 사항이다.

제대로 알린 경우에만 권리를 주장할 수가 있기에 반드시 청약서에 기재한 모든 내용은 꼼꼼히 확인하고 이해가 될 때까지 확인 후 자필 서명을 해야 한다. 설계사의 말에 의존해서도 안 된다. 왜냐하면 계약의 당사자는 계약자와 보험회사이고 설계사는 중개하는 당사자일 뿐이기 때문이다.

체크 포인트

청약 시에는 가입 전 알릴 질문사항에 반드시 사실대로 알려야 한다. 그렇지 않으면 추후 보상 시 불이익을 당할 뿐만 아니라 제대로 알린 경우에만 권리를 주장할 수 있기 때문이다.

암 진단비,
90일은
무조건 면책기간?

암은 누구에게나 어려운 병이다.

누가 암에 걸렸다는 말을 듣기도 그렇고, 본인이 걸렸다는 말은 더 더욱 믿고 싶은 않은 일이다. 더욱이 나의 소중한 자녀가 암에 걸렸다면…, 상상하기조차 싫은 일일 것이다

30대 초반에 결혼하여 결혼생활 7년 차에 너무나 어렵게 아이를 가진 최 씨 부부.

불임클리닉을 다닌 지 2년 차, 아내의 건강상태도 안 좋아져 중간에 포기도 생각했었다. 그러다가 10번의 인공수정 끝에 임신에 성공하고 딸 하연이가 태어났다. 남들이 출산준비물이라 얘기하는 태아보험도 보장이 가장 큰 보험으로 빼놓지 않고 가입해 놓았다.

열 달을 채우기까지 감사한 마음과 걱정으로 하루하루를 보낸 부부는 아이가 태어나고 건강하게 자라는 모습에 행복했다. 그렇게 건강하게 자라던 하연이가 3살 되던 해, 믿기지도 않을 소아백혈병 판정을 받는다.

암과 관련한 보험금 지급은 보험계약을 체결한 후 90일이 지나야 효력이 발생한다. 여기서 말하는 암은 일반 암 이상 기준이며, 소액 암으로 분류되는 기타 피부암, 갑상샘암, 제자리암(상피내암) 및 경계성 종양은 계약체결일부터 효력이 발생한다.

계약 후 90일이 지났다고 해서 가입한 보험가입금액 100%를 지급하는 것이 아니라, 계약하고 1년 이내 또는 2년 이내에 암이 발생하면 50%만 지급한다거나 하는 규정이 붙는 상품도 있다.

암에 대한 면책기간 혹은 부담보기간을 설정하는 것은 계약자, 피보험자의 역선택으로 인한 보험의 악용을 막기 위한 규정이라 할 수 있다. 그러나 15세 미만자인 어린이 보험의 경우 역선택의 우려가 적고, 청약서상의 알릴 질문사항표를 통해 역선택을 충분히 방지할 수 있어 2006년 1월부터 90일 면책기간을 폐지했다.

보험 따라잡기 7. 생보사 암 진단비 약관

회사는 피보험자(보험대상자)가 이 특약의 보험기간 중 '암에 대한 보장개시일' 이후 '암'으로 진단이 확정되거나 '기타 피부암, 갑상샘암, 제자리암(상피내암) 및 경계성 종양으로 진단이 확정되었을 경우에는 보험수익자에게 가각에 해당하는 약정한 보험금을 암 진단급여금으로 지급합니다(단, 각각 최초 1회에 한함).

진단의 확정은 해부병리 또는 임상병리 전문의사 자격증을 가진 자에 의하여 내려져야 하며, 이 진단은 조직검사(fixed tissue), 미세바늘흡인검사(fine niddle aspiration biopsy) 또는 혈액(hemic system)검사에 대한 현미경적 소견을 기초로 하여야 합니다.

암 진단비 약관을 보면 회사마다 약간씩 상이하지만, 보통 일반 암으로 불리는 위암, 간암, 폐암 등을 보장하는 일반 암 진단비가 있고, 기타피부암, 갑상샘암, 상피내암 경계성 종양을 구분하는 소액 암 진단비, 또 뼈암이나 뇌암, 백혈병을 담보하는 고액 암 진단비가 있다. 갑상샘암도 오래전에는 일반 암으로 지급했었지만, 의학기술이 발전함에 따라 조기발견을 하고 치료의 예후도 좋아졌기 때문에 기존의 암과 구분하여 소액 암으로 분류해 놓았다. 앞으로 이러한 추세는 계속될 것으로 보인다.

암 진단비 상품은 의학의 발달, 발병률, 또는 치료의 예후 등을 참고하여 점차 다양한 형태로 변화하고 있다. 최근 약관에는 유방암, 생식기암을 소액 암과 일반 암의 중간쯤 금액을 주는 것으로 분류해 놓은 암 진단비 상품도 있다. 생식기암 진단을 받는 사람들이 급속도로 늘어나고 있고, 초기에 발견할 경우에는 생존율이 높아서 보험사에서는 이런 상황들을 참고하여 진단비를 축수하고 있다.

대장암의 70%를 차지한다는 대장점막내암의 경우도 그렇다. 암이지만 약관의 정확한 기준이 없어 상피내암에 준한다 하여 보험사에서는 일반 암이 아닌 소액 암의 진단비를 지급하는 회사들이 있다. 대장의 점막 고유층에 암세포가 침범한 것을 일반 암으로 볼것이냐, 상피내암으로 볼 것이냐에 따라 분쟁이 많은 암이다.

그래서 이러한 애매하고 분쟁이 많은 부분은 아예 분류를 따로 해놓고자 하는 움직임이 일고 있다. 일부 암 진단비 상품에서 기타피부암이나 상피내암의 진단비처럼 소액으로 분류하는 상품들이 많아지고 있다.

암 진단비 지급기준표에서 확인할 것이 있는데, 일반 암 진단비와 소액 암, 남녀생식기암, 고액 암의 진단비 분류가 따로 되어 있는지, 즉 각각의 항목으로 구분되어 있는지 잘 살펴봐야 한다. 예를 들어, 위암에 걸려 일반 암 진단비를 지급받고, 2년쯤 뒤에 새로운 뼈암에 대해 진단을 받았을 시에 이미 받은 일반 암 진단금을 제외하고 차액의 진단비를 주는지, 아니면 고액 암 진단비에 적힌 5천만 원이라는 진단비를 전부 주는지를 꼭 확인해보아야 한다. 암 같은 큰 진단을 받았을 때는 경황이 없어서 설계사를 통해 보험금 청구 구비서류만 제출하고 마냥 보험금이 나오기만을 기다리는 경우가 대부분이다. 물론 적극적이고 관리를 잘해주는 설계사를 만났다면 정말 큰 행운이다. 그러나 그 반대인 경우도 있으므로 설계사를 통해 확인이 어렵다면 해당 보험사의 콜센터나 보상팀에 추산되는 진단비와 기타보상금액을 문의해볼 수도 있다. 무엇보다 정당하게 적극적인 경우는 어디에서든 뜻이 통한다고 했다.

암에 대한 면책기간 혹은 부담보기간 설정은 계약자, 피보험자의 역선택으로 인한 보험의 악용을 막기 위한 규정이나 15세 미만인 어린이 보험의 경우 역선택의 우려가 적고, 청약서상의 알릴 질문사항표를 통해 역선택을 충분히 방지할 수 있어 90일 면책기간이 없다.

참고- 암 진단비(일반, 고액, 소액 분류된 보험금 지급 기준표)

급부명	지급사유		지급금액
진단 급여금 (1)	피보험자가 보험기간 중 암보장개시일 이후에 암으로 진단확정 되었을 때 (최초 1회 한하여 지급)	고액치료비암	4,000만원 (다만, 최초계약 2년 미만시 진단 확정 시 50% 지급)
		일반암	2,000만원 (다만, 최초계약 2년 미만시 진단 확정 시 50% 지급)
		유방 남녀 생식기 관련암	6,000만원 (다만, 최초계약 2년 미만시 진단 확정 시 50% 지급)
진단 급여금 (2)	피보험자가 또는 경계성 종양으로 진단 확정되었을 때		200만원 (다만, 최초계약 2년 미만시 진단 확정 시 50% 지급)

정확한 암 진단일은 언제?

　암 진단을 받고 보험금 청구 시에 구비서류 중 진단서와 함께 조직검사 결과지는 필수서류다. 백혈병 등과 같은 암을 제외하고 종양에 대해 조직검사를 받을 수 있는 부위였다면 조직검사 결과지가 굉장히 중요한 서류다.

　조직검사 결과지를 보면 상단에 중요한 날짜 두 가지가 있다. 채취일(보낸 날)과 보고일(결과일) 두 가지 날짜다. 말 그대로 보낸 날은 암의 조직을 떼어내서 임상병리과로 보낸 날이고 보고일은 그에 대한 검사 결과가 나온 날이다. 암이 의심된다고 했을 때, 해당 의사는 수술이나 미세바늘을 이용한 조직의 흡인을 통해서 환자의 종양 조직을 떼어서 병리과로 보낸다. 이때까지는 암인지 양성인지 100% 확신할 수는 없다. 그야말로 신만이 알 수 있다.

　검사에 대한 결과가 나오기까지 얼마나 시간이 걸릴까?

　종합병원기준 4~7일 정도가 소요된다. 간혹 요즘은 위내시경검사를 하면서 조직검사를 한 경우에는 당일에도 나오기도 한다. 예를 들어. 조직검사 결과지에 조직의 채취일은 2014.11.25일이고 결과보고일은 2014.11.30일로 나와 있다면, 실제 결과가 나온 날은, 즉 보고일(판독일)이 암의 확정진단일이라고 보면 된다. 이 두 개의 날짜 사이에 일반 암 보장개시일(계약 후 90일 이후 암의 보장이 시작)인 90일이 끼어있다거나 계약일로부터 1년 또는 2년 시점이라면(보험가입금액의 감액 기간이 있는 경우) 가끔 이날을 놓고 확정진단일이 언제인지에 대한 분쟁이 있는 경우도 있다.

또 제출한 서류 중 진단서의 날짜도 중요하다. 암 등으로 진단받고 청구를 한 경우, 진단서상의 진단날짜를 자세히 봐야 한다. 진단서에는 해당 암의 병명과 질병분류코드가 반드시 기재되어 있다. 또한 해당 병원의 담당의, 진단받은 날, 진단서 발급일이 기재되어 있다.

조직검사를 받을 수 있었던 경우에는, 조직검사 결과지상의 보고일(결과일)이 암의 확정진단일이라고 했다. 그런데 진단서상의 암의 진단날짜와 조직검사 결과지상의 암의 확정진단일이 다르다면 언제가 암으로 진단받은 확정진단일일까?

위에 언급했듯이 조직검사 결과지상의 결과일(보고일)이 암의 확정진단일이다. 이 부분을 가지고 많은 환자와 설계사들이 헷갈린다. 대부분은 진단서상의 암 진단일이나 진단서를 발급받은 날, 담당 의사로부터 암이라고 통보받은 날은 암의 확정진단일이라고 생각한다는 것이다. 어떤 날에 받았는지가 왜 중요한지는 위에 언급했듯이, 암보장개시일인 90일의 면책기간과 감액 기간 때문이다. 고객은 날짜 하루 차이로 보험금을 받을 수 있느냐 없느냐가 결정된다. 또한 90일이 넘어서 확정진단을 받았느냐, 아니냐에 따라서 암 진단비가 통째로 소멸할 수도 있기 때문이다. 게다가 이 암 진단비가 소액과 일반 암의 구분이 없는 통으로 엮어진 계약이라면 고객에게는 억울한 일이 될 수도 있다(대부분은 소액 암 진단비와 고액 암 진단비를 각각 나누어 놓았지만).

1년, 2년 이내의 감액 기간도 중요하다. 이 기간의 구분에 따라 고객은 암 진단비를 2천만 원을 받느냐 4천만 원을 받느냐가 결정되기 때문이다. 어떤 부유한 고객이라 할지라도 보험금이 몇천만 원대가 왔다 갔다 한다면 그 앞에 초연할 수 있을까?

개인적으로 보험금 지급심사를 진행하면서 부유한 고객들도 보험금 앞에서는 모두 똑같은 사람이었다. 보험은 다수의 계약자가 각 보험금을 갹출해 사고가 난 한 사람에게 몰아주는 식으로, 내가 낸 돈 이상을 받는다 생각하고 가입하는 것이기 때문이다. 그것도 날짜 하루 차이에 거액이 갈린다면 누구나 그럴 수 있다.

여기까지는 조직검사를 받을 수 있는 경우에 암의 확정 진단일에 대한 내용이다. 그렇다면, 조직검사를 받을 수 없는 경우에는 어떤 날로 확정진단일을 판단할까?

예를 들어 혈액암이나, 말기 암, 뇌종양 등의 경우다. 이런 경우는 다른 검사인 CT, MRI, 또는 혈액검사 등의 나른 검사를 통해 암의 진단일을 판단하고 있다.

많은 환자나 설계사들이 진단서상의 암 진단일이나 진단서를 발급받은 날, 담당 의사로부터 암이라고 통보받은 날을 암 확정진단일로 생각하나 암 확정진단일은 조직검사 결과지의 결과일(보고일)이다.

병리검사결과

병리번호 :
진료과/병동(의뢰처) : 위영외과(061) 의뢰일 :
임상소견 및 병력 :
검사일 :   판독일 :   검사명 : 외과병리검사
검체명 : EGC
CLINICAL DIAGNOSIS : Early Gastric Cancer

FROZEN DIAGNOSIS :
Fro 1) Esophagus, proximal resection margin, biopsy: Negative (WOX)

GROSS :
　받은 조직은 신선 상태의 견절제된 위장으로 total gastrectomy 검체임. 도착당시 대만곡을 따라 열러 왔으며 크기는 대만곡을 따라 23.0cm, 소만곡을 따라 15.0cm임. 원위부로 길이 1.0cm, 평균 안둘레 7.0cm의 십이지장이 붙어 있음.
　점막면을 관찰시 mid body, lesser curvature에 EGC type IIc의 병변이 관찰됨. 크기는 2.0x 2.0cm이며 근위 절연에서 2.0cm, 원위 절연에서 11.0cm 떨어져 있음. 주변 점막에 궤양, 용종, 중괴 등 특이소견 관찰되지 않음. Mapping을 시행함.

　따로 "LN #1, #2, #3, #4sa, #4sb, #4d, #5, #6, #7, #8a, #9, #11p, #11d, #12a, #14v" 라고 표기된 연부 조직이 있음. 림프절을 골라 모두 포매함.

<Slide key: 1-22: mapping, L1: LN #1, L2: LN #2, L3: LN #3, L4sa: LN #4sa, L4sb: LN #4s b, L4d: LN #4d, L5: LN #5, L6: LN #6, L7: LN #7, L8a: LN #8a, L9: LN #9, L11p: LN #11p, L 11d: LN #11d, L12a: LN #12a, L14v: LN #14v>

일반진단서

대조필인 (인)

등록번호						
연번호		주민등록번호	-			
환자의 성명	성별 ☑남 □여	생년월일	년 월 일	연령	63
환자의 주소		전화			
병 명 ☐임상적추정 ☑최종진단	상세불명의 위의 악성 신생물, 조기		국제질병 분류번호 C16.90		
발병일		진단일	2011-03-25		
수술/시술일자 (수술/시술명)					
향후진료의견	상기환자·상기병명으로 2011-4-5 수술예정임.				
비고		용도	[기타 제출용]		

위와 같이 진단함
발 행 일
병·의원주소
병·의원명

대장암에서
전이된
간암의 보상

"고객의 보험금 청구 관련, 진행과정에서 가장 어려운 점은 무엇인가?"

내가 일선에서 영업하는 설계사들에게 건넨 질문이다. 가장 많은 부분을 차지한 답변은 '고지의무로 인한 분쟁'이었다. 그도 그럴 것이, 고지의무위반이 보험금 지급에 미치는 영향력이 대단하기 때문이다. 사실 이 고지의무에 대한 궁금증은 비단 보험금 청구 시에만 생기는 것이 아니다.

설계사라면 한 번쯤 영업현장서 고객들의 고지의무에 대한 질문에 선뜻 빠른 답변을 하지 못한 경험이 있을 터이다. 대부분이 고지의무를 어디까지 이행해야 하는 지, 어떤 것까지 고지해야 하는지에 관한 질문이다.

모든 계약이 그렇듯, 보험 계약도 여지없이 계약당사자들끼리 의무를 성실히 이행해야 그 법적 효력이 발생한다. 설계사는 보험사와 고객을 연결해 계약의 체결을 도와주는 중개의 역할을 한다. 그러나 설계사는 고지의무 수령권에 대한 법적 권한이 없다. 문제는 고객이 그것을 아는 경우가 드물다는 점이다. 고객은 계약 전 질문사항표를 작성하면서 설계사에게 자신의 병력에 대한 이야기를 구체적으로 하는 경우가 많다. 병력사항을 설계사에게 얘기한 뒤, 계약 전 질문표에는 '병력 없음'으로 기재하고 자필 서명을 하는 경우가 다반사이다. 그리고 추후 고지 관련 문제가 생기고 나서야 설계사에게 자신의 병력을 알렸노라 주장하지만, 설계사에게 알린 것은 아무런 법적 효력이 발생하지 않는다. 그에 따른 모든 책임은 청약서에 기재하고 자필 서명을 한 '고객'의 책임이다.

이 씨는 지인의 소개로 지금의 설계사 김 씨를 알게 됐다. 둘은 나이도 비슷하고 같은 취미를 가지고 있어 자연스럽게 친분을 쌓기 시작했고, 서로의 모든 비밀을 털어놓는 둘도 없는 친한 사이로 발전했다.

이 씨는 자연스레 김 씨를 통해 암과 2대 질환에 대비한 종합건강보험에 가입했다. 그리고 2년쯤 뒤, 일상생활 중 급성 복통으로 응급실로 후송된 이 씨. 여러 검사 후 간암 판정을 받았다. 정확한 진단명은 전이성 간암. 사실 이 씨는 4년 전 대장암으로 진단받고 치료를 받았던 병력이 있었다.

하지만 항암 치료 등이 끝난 후 예후도 좋았을뿐더러, 워낙 건강관리를 잘했기 때문에 특별한 이상은 없었다. 당연히 보험가입 시 건강에 대한 자신이 있었기에, 청약서의 질문표상 병력기재사항에 '아니오'에 체크를 하고 자필 서명을 했다.

그런데 해당 보험사에 보험금을 청구한 이 씨는 어이없는 답변을 들었다. 과거의 고지하지 않은 대장암과 인과관계가 있는 질병으로 보험금 지급을 할 수 없다는 통보를 받은 것이다. 관련이 없는 진단명인데 보험금 지급이 안 된다니…, 이 씨는 바로 해당 기관에 민원을 제기했다.

보험금 지급심사 시, 청구한 진단명을 확인함과 동시에 반드시 확인하는 부분이 있다. 바로 고지의무위반 여부, 또한 고지를 하지 않은 과거 병력과 현재 청구한 병명과의 인과관계 여부다.

계약 전 알릴 의무 위반 여부에 관하여 피보험자가 보험가입 전 5년 이내에 대장암을 치료받기 위해 항암제를 수 개월간 매일 투여 받은 사실이 있음에도, 청약서 질문표 병력에 대한 기재사항이 없고, 자필로 서명한 점, 이에 따라 피보험자의 명백한 계약 전 알릴 의무 위반으로 판단했다.

과거 병력과 보험금 청구 건인 간암과 관련하여 의료 경험칙상 간암의 경우 원발성보다는 전이성 간암이 훨씬 많고 전이된 경우 대장암·위암 등으로부터 전이되는 경우가 많다. 게다가 ▲진단 병원의 검사결과보고서상 간암은 대장암에서 전이되었을 가능성이 가장 크다고 추정하고 있는 점 ▲계약 전 알릴 의무 위반 사실과 보험사고 발생 간에 인과관계가 없다는 점에 대한 입증 책임은 보험계약자 측에 있고, 만약 그 인과관계를 조금이라도 엿볼 수 있는 여지가 있다면 보험금은 지급되지 않는다고 보아야 할 것이다(대법원 92다28259판결).

계약 전 알릴 의무는 상법 651조에서 정하고 있는 고지의무로, 보험계약자나 피보험자는 청약 시에 보험회사가 서면으로 질문한 중요한 사항에 대해 사실대로 알려야 하며, 위반 시 보험계약의 해지 또는 보험금 부지급 등 불이익을 당할 수 있다.

고지의무위반은 법적으로 처벌되지는 않지만 서로 간 명백히 지켜야 하는 의무이다.

보험은 서로 간의 약속, 최대 선의의 원칙 지켜야

보험가입 시 지켜야 하는 최대선의의 원칙이 있다. 보험사는 피보험자의 직업, 병력, 취미 등에 대한 정보가 없기에 가입 시 청약서상으로 질문표를 작성하게 만들어 놓았고, 계약자와 피보험자의 정보기재로 보험계약의 승낙 여부를 결정한다.

보험은 계와 비슷하게 출발하여 동일한 집단의 사람들이 모여 동일한 보험료를 내고 그중 어느 한 사람이 위험에 처했을 때, 보험금을 지급하여 경제적인 부담을 덜기 위해 존재하는 상품이다. 그래서 동일한 집단이 아닌 경우에는 처음부터 같은 집단이라고 할 수 없다. 형평성에 어긋나기 때문이다.

어느 한 사람의 잘못된 판단이나 고의로 인해 서로 지켜야 할 의무를 저버린다면, 그 집단은 깨질 수밖에 없다. 또한 한 사람의 잘못으로 다른 사람들이 내는 보험료가 많아질 수가 있다. 그래서 보험가입에서 쉽게 생각하지 말아야 하는 것이 서로 간의 약속인 최대선의의 원칙이다.

서로 간의 원칙을 지킬 때 비로소 보험은 그 빛을 발할 것임을 설계사도 보험계약자도 명심해야 한다.

보험 따라잡기 8. 암의 구분에 따른 보상

암의 구분

원발암: 처음 생긴 암. 기존 암세포와 조직해부학적 형태가 다른 암 세포가 동일 부위 또는 다른 부위에 발생한 암.

재발암: 원발암이 발생했던 곳 또는 매우 가까운 곳에 다시 발생한 같은 암. 기존 세포와 조직해부학적 형태가 같은 암세포가 기존암세포 완치 후 동일부위에 다시 발생한 암.

전이암: 원발암이 원래 위치가 아닌 다른 부위에 발생. 기존 암세 포가 혈관을 타고 전이되어 다른 부위에 발생한 암.

잔존암: 수술 후에도 미세하게 남아있는 암. 처음 진단된 암세포가 동일부위에 계속 남아있는 암.

암에 따른 진단금

한 번에 두 가지 암으로 진단된 경우

한 번에 두 가지 이상의 원발암이 진단되었다면, 피보험자에게 유리한 암으로 진단비를 지급한다.

별개의 암으로 시간상으로 전이된 경우

최초의 암 진단 후 암이 다른 곳으로 전이된 경우, 즉 전이암의 경우에는 진단비를 지급하지 않는다. 원발암이 한두 달 사이 차례로 두가지가 발생하여도 최초진단비만 지급한다. 다만, 일부 3대암이나고액 암 등 특정 암에 대해서 따로 분류해 놓은 특약에서는 보험금을 중복 지급하거나 차액을 지급하는 경우도있다. 전이된 경우에는 원발암을 기준으로 지급한다.

보험은 계와 비슷하게 동일한 집단의 사람들이 모여 동일한 보험료를 내고 그중 어느 한 사람이 위험에 처했을 때, 보험금을 지급하여 경제적인 부담을 덜기 위해 존재하는 상품으로 반드시 최대선의의 원칙이 지켜져야 한다.

5장

소비자도 설계사도
알아야 할 보험금

설계사부터
알아야
고객이 바르게 대응한다

보험은 위급한 일에 직면했을 때 의료비를 포함한 경제적 손실을 보상받기 위해 미리 준비해 놓는 비상약 같은 무형의 상품이다. 따라서 평상시엔 그 가치를 모르지만 필요할 때 혜택을 받게 되면 그 보장이 빛을 발한다. 얼마 되지 않는 보험료가 하늘에서 떨어진 기적 같은 효과를 가져다준다.

반면, 간혹 자신이 가입한 보험이 어떤 보상을 받을 수 있는지 잘 모르고 있거나, 다른 어떤 이유로 혜택을 받지 못하는 억울한 일도 종종 있다. 가입하지 않은 특약에 가입한 것으로 오인해 보상혜택을 받을 수 있는 것으로 착각하거나, 계약 당시 담당 설계사의 부주의로 당연히 받을 수 있는 혜택을 받지 못하는 경우도 발생한다.

여성 질병 청구 건으로 면담일지 작성을 위해 만났던 50대 여성 고객이 있었다. 진단명은 '지궁근종'이었다.

정해진 절차대로 면담을 진행하며 발병 시기 및 과거 치료 내역 여부에 대한 질의를 거의 끝낸 시점이었다. 그녀가 대뜸 '근데 얼마나 나오느냐'며 최종 지급되는 보상금액을 문의했다. 실사가 종결되기 전에는 조사자가 금액을 정확하게 안내하기 어려운 부분이 있기 때문에 이에 대한 안내를 먼저 했지만 '경력이 있으니 대충 알 것 아니냐'고 계속 정확한 보상금액 확인을 요구했다. 이에 '실손보험은 다른 보험사에 중복으로 가입돼 있을 경우 비례보상 되고, 치료 목적으로 쓴 비용만 해당하기 때문에 의료비 세부내역 확인 후 치료에 해당하지 않는 부분은 보장에서 제외된다'고 기본적인 보상 내용을 안내했다.

그러나 그녀는 '실손 말고도 또 받는 거 있지 않느냐'며 재차 물었고 나는 차라리 계약사항 자체를 다 확인해 주는 것이 더 빠르겠다는 생각에 바로 보장 내역을 확인해줬다. 확인 결과 그녀가 현재 진단명인 자궁근종이 확실하고 조사 결과 특이사항이 없으면 질병입원 일당과 질병입원의료비가 해당함을 안내했다.

그러자 그녀는 '난 16대질병수술비도 가입돼 있는데 자궁근종으로 보장을 못 받느냐'며 의아해했다. 나는 자궁근종은 16대질병에 해당하지 않는다고 답했지만 그녀는 그럴 리가 없다며 정확히 확인해달라고 강하게 요청했다. 피보험자인 그녀와의 불필요한 마찰을 피하기 위해 일단은 알겠다고 대답한 후 전후 사정을 확인해 보기로 했다. 조사 과정에서 피보험자의 진단명이 자궁근종으로 확실하게 확인됐다. 피보험자에게 실사 종결 안내차 전화를 해 '자궁근종임이 확인되고 기타 특이사항이 없어 정상 지급될 예정이다. 전에 얘기한 대로 질병입원의료비와 질병입원 일당에서 정해진 보험금이 지급된다'고 안내했다.

그러자 피보험자는 '자기 설계사에게 다시 확인했는데 여전히 된다고 했다'며 강하게 반발했다. 피보험자가 이 청구 건과 관련해 담당 설계사와 통화했을 때 설계사가 실손의료비 포함 16대질병수술비 특약에서도 보험금이 지급된다고 안내한 것이다.

모든 질병은 '질병진단코드'를 가지고 있다. 질병 관련 보험금은 이 진단코드 중 '약관에 규정된 질병진단코드'에 대해서만 지급된다. 16대질병수술비 특약을 살펴보면 생식기 질환으로 수술 시 지급이 되는 정해진 진단이 있다. 그런데 설계사가 이 피보험자 이전에 자궁근종 수술로 보험금을 청구한 고객이 16대질병수술비 특약에서도 보험금이 지급되자 정확한 확인 없이 이 피보험자에게도 지급된다고 설명했던 모양이다.

초음파상 자궁근종으로 진단돼 수술하면 조직검사를 시행한다. 이때 자궁근종이 아닌 자궁선근증으로 진단되는 경우가 있다. 자궁선근증은 보통 자궁 초음파상으로 자궁근종과 구분이 명확하지 않을 때가 많아서 조직검사 전까지 확정 진단을 내릴 수가 없다. 문제는 여기서 발생한다.

자궁근종으로 추정진단을 받았으나 수술 후 조직검사 결과 자궁근종으로 확진되면 양성종양인 D25(자궁근종)로, 조직검사 결과 자궁선근증으로 확진되면 N80(자궁선근증)으로 진단명은 물론 진단코드가 달라진다. 16대질병수술비에서 N80은 보상대상이지만 D25는 양성종양이라 보상 대상에서 제외된다. 그러나 두 질병의 진단명이 비슷하고, 생식기 질환이므로 둘 다 보험금이 지급되는 걸로 오인하고 있는 경우가 많은 것이다.

보험설계사는 보험상품 판매 시 그 상품의 보장에 대한 기본 지식을 갖고 있어야 한다. 어떤 상품을 얼마큼, 어떻게 판매할 것인가도 중요하겠지만, 사람들이 보험에 가입하고자 하는 궁극적인 의미를 되짚어본다면(보상을 받기 위해 보험상품에 가입하는 것이기 때문에) 본인이 판매하는 상품이 어떤 상황에서 보험금이 지급되는지를 충분히 숙지하는 게 필요하다.

폭넓은 지식까지는 아니어도 16대질병이 무엇인지, 최소한 보상하지 아니하는 사항은 무엇인지 정도는 기본적으로 숙지해야 하는 것이 설계사로서 의무이자 고객에 대한 예의라고 할 수 있다.

고객도 이제 각종 매체나 인터넷을 통해 보험지식이 갈수록 풍부해지고 있는 시대다. 점점 똑똑해지는 고객을 잡기 위해 조금만 더 공부하는 부지런한 설계사가 돼보자. 일찍 일어나는 새가 먹이를 먼저 찾는다고 했다. 부지런한 설계사는 보험사가 공정하게 보험금을 지급하는 토대를 마련하고, 이러한 신뢰를 통해 보다 많은 고객을 확보하며, 이로써 다른 설계사들보다 우위에 설 수 있으니 1석 3조 아닌가?

체크 포인트

> 진단명은 비슷해도 자궁근종(D25)과 자궁선근증(N80)이 진단코드가 전혀 달라 16대질병수술비에서 보상이 갈리는 것처럼, 보험설계사는 보험상품 판매 시 그 상품의 담보에 대한 기본 지식을 갖추고, 어떤 상황에서 보험금이 지급되는지를 고객에게 바르게 알리는 게 필요하다.

보험은
'쌍무계약', 의무
다해야 권리 챙긴다

"무슨 남자가 와요? 됐어요! 싫다니까요. 여자 없어요?"

옆자리 남성 조사자의 통화를 듣고 있자니 '그럼 그렇지' 싶다. 보험금 지급 실사 분야는 업무 특성상 남성 조사자들이 80~90% 정도다. 수 없이 많은 곳을 돌아다니기 때문에 체력적으로 힘든 것도 있지만, 민 원처리 과정서 협박 아닌 협박(?)도 종종 있어 여성들이 버티기 힘들기 때문이다. 물론, 어떤 업종이든 성별로 특화된 경향은 있다. 하지만 조 사자 일은 성별에 따라 난감할 경우가 한두 번이 아니다. 이번 경우처 럼 여성 질환일 경우가 특히 그렇다. 일반적으로 여성 질환은 여성 조 사자가, 남성 질환은 남성 조사자가 배정되긴 하지만 조사자 성비에 차 이가 있다 보니 매번 보이지 않는 이 룰이 적용되진 않는다.

피보험자는 20대 중반의 젊은 여성으로 여성 질환 관련 보험금을 청 구했다. 피보험자기 젊은 여성일수록 질병 세부 내역에 대해 즉각적인 대답을 회피하고 거부감을 드러내는 경향이 있다. 그런데 설상가상으 로 남성 조사자가 배정됐으니 노발대발할 수밖에.

"그냥 제가 담당할게요."

내 한마디에 남성 조사자가 안도의 한숨을 크게 내쉰다.

피보험자의 청구 진단명은 자궁근종. 꼼꼼히 구비서류를 살펴봤으나 특이사항은 발견되지 않았다. 기본적인 서류검토를 끝내고 피보험자에게 수임 전화를 해 담당자가 여성으로 변경됨을 안내하고 다음 날로 면담 약속을 잡았다.

다음 날 만난 피보험자는 건강을 자부하며, 병원은 물론 약국도 잘 안 다닌다고 말했다. 오히려 실사에 대해 굉장히 신경질적인 반응을 보이며 자신 있게 말했다.

"병원 내원 얼마 전부터 갑자기 아랫배에 통증이 생겼는데, 계속 반복되는 것 같아 산부인과에 내원해 초음파 검사를 했어요. 검사결과 자궁근종이라는 진단을 받고, 자궁근종 절제술을 시행, 보험금을 청구했어요. 확인해 보세요!"

나는 그렇다면 보험금 지급에는 문제가 없을 테니 걱정하지 말라는 말을 남기고 돌아섰다.

먼저 수술받은 병원을 확인했다. 큰 수술은 대부분 3차 병원에서 시행한다. 3차 병원은 응급환자가 아닌 이상 1·2차 병원에서 의뢰서를 발급받아야 내원할 수 있기 때문에 대부분 최초 진단 병원이 다르다. 의뢰서를 발급받은 병원, 관련 병원들을 차례대로 확인했으나 최초 내원은 보험가입 후였다. 피보험자가 자신 있을 만했다는 생각이 들었다.

그러나 뜻밖에도 문제는 다른 곳에서 불거졌다. 내원 병원 확인 후 계약 전 과거 병력 확인을 위해 탐문을 시행했는데, 보험가입 바로 직전까지 다른 질병으로 치료받은 사실이 확인된 것이다. '요추추간판 탈출증', '중이염' 등 진단은 물론, 장기 치료받은 사실들이 무더기로 확인됐다. 통상적으로 보험 실사는 '면책 및 부책 여부 확인'과 '계약 유지 및 해지 여부 확인'의 두 가지 측면에서 이뤄진다. 이 중 계약 유지 및 해지 여부 확인은 가입 전 과거 병력 확인, 즉, 고지의무위반 사항이 있는지에 대한 확인이다.

예를 들어, 피보험자가 청구한 진단명과 인과관계 있는 진단 및 치료 내역이 보험가입 전에 있던 것으로 확인, 이를 고지하지 않았다면, 청구보험금은 면책처리 또는 삭감 지급된다. 심지어 해당 보험계약이 해지되는 경우도 있다.

또한, 청구 진단과 상관없다 하더라도 그 내용이 보험가입 시 보험사에 알렸어야 할 '중요한 사항'에 해당한다면 고지의무위반으로 보험계약은 해지된다. 여기서 '중요한 사항'이라 함은 보험회사가 피보험자와의 계약 전에 그 사실을 알았더라면 ▲청약 거절 ▲보험가입금액 한도 제한 ▲일부 보장 제외 ▲보험료 할증 ▲조건부 인수 등 계약 사항에 영향을 미칠 수 있는 사항을 말한다.

본 자궁근종 건의 경우, 피보험자는 보험가입 전에 동일 질병 및 인과관계 있는 질병으로 치료받은 적은 없다. 따라서 청구한 보험금은 지급된다. 반면, 피보험자가 보험가입 전 치료받은 여러 질병은 보험가입 전에 보험사에 반드시 알렸어야 할 중요한 사항에 해당한다. 하지만 피보험자는 이를 알리지 않았기 때문에 본 보험계약은 해지됨이 타당하다.

조사와 최종 보험금 지급여부를 마무리하고 계약해지 동의서를 받기 위해 까칠한 피보험자와 다시 면담 약속을 잡았다. 다음 날 자택으로 찾아가자 의기양양한 피보험자는 '이상 없죠?' 하며 먼저 물어왔다. 눈치를 보니 대답보단 확인이 먼저 돼야 얘기가 쉬워질 것 같았다. 피보험자가 치료받은 내용이 빼곡하게 기재된 의무기록사본을 보여줬다. 피보험자는 멋쩍었는지 한동안 말을 잇지 못했다.

"동 보험 계약 전, 알릴 사항에 이 치료 내역을 기입하지 않으셨습니다. 따라서 청구하신 보험금은 지급되지만 보험계약은 해지됩니다. 반대의 증거가 있는 경우 이의를 제기하실 수 있습니다."

최대한 군더더기 없이 심사결과를 안내했다. 계약해지 동의서를 내밀었다. 잠시 주춤하던 피보험자는 별다른 이의제기 없이 결과를 인정했다.

일을 하다 보면 하루에도 몇 번씩 이런 적반하장격인 피보험자들을 만나게 된다. 물론 피보험자들이 고지하지 않은 이유가 반드시 치료 사실을 숨기기 위해서라고 볼 순 없다. ▲오래된 기억이어서 잊고 있었거나 ▲큰 치료라고 생각하지 않아 굳이 알리지 않았거나 ▲알릴 사항의 질문들을 정확히 몰랐거나 하는 등 이유는 여러 가지다.

따라서 가입 전 알릴 사항을 온전히 기록하지 않았다고 해서 반드시 어떤 악의적인 의도를 가지고 있다고 보긴 힘들다. 그러나 이처럼 보험 가입 바로 전까지 장기간 받은 치료를 잊었다고 볼 순 없다. 그것도 이토록 깐깐한 20대 여성이 말이다.

보험은 자신을 포함한 다수의 계약자를 보호하는 중요한 약속이다.

민영보험이 공공보험과 더불어 최소한의 사회 안전망 역할을 하고 있다는 점을 생각한다면 보험가입자와 보험사 간의 신의 성실한 계약체결은 반드시 지켜져야 할 의무다.

그래서 보험계약은 '쌍무계약'이다. 양자가 의무를 올바르게 이행했을 때 더 큰 가치와 힘을 발휘한다. 이것이 바로 보험이라는 사실을 기억해 주었으면 좋겠다.

보험 따라잡기 9. 고지의무, 이렇게 바뀌었다

2010년 6월 고지의무에 관한 개정이 이루어졌다.

첫째, 동일하거나 유사한 보험상품에 가입했는지를 알리지 않아도 된다. 따라서 보험가입 현황을 정확히 알리지 않았다는 이유로 보험회사가 계약을 해지하거나 보험금 지급을 거절하는 등의 일은 앞으로 일어나지 않을 것이다.

둘째, 사고위험과 직접 관련이 없는 피보험자의 주택소유권(자가, 월세, 전세 등), 거주환경 등의 내용이 고지항목에서 제외되었다.

셋째, 제왕절개수술이 고지의무 사항에 포함되었다. 이전에는 제왕절개수술을 사회 통념상 수술로 생각하지 않았다. 그러나 이제는 제왕절개수술도 필수고지항목에 포함되었다.

넷째, 의사의 진단범위가 세분되었다. 기존에는 단순히 '진단'으로만 구분했었는데 질병 확정진단, 질병의심소견 등으로 진단내용을 구체화하였다. 또 진단내용과 관련된 추가검사를 받을 때도 고지하도록 변경되었다.

다섯째, 보험청약서상의 '현재'라는 표현이 최근 1년으로 구체화되었다. 또한 1년 이내에 사고 위험이 큰 취미활동을 얼마나 자주 하는지, 관련 자격증이 있는지도 고지내용에 포함되었다.

여섯째, 향후 3개월 이내에 해외 위험지역으로의 출국 여부도 새롭게 추가되었다. 이전에는 구체적인 출국시기는 기재하지 않았으나 3개월 이내 출국 여부도 보험회사에 알려야 한다.

일곱째, 피보험자가 종사하고 있는 업종을 구체적으로, 정확하게 알려야 한다. 이를 통해 보험회사는 업종별 사고발생위험을 평가해 보험가입자의 보험료나 보험가입금액을 보다 세부적으로 차등화할 수 있게 되었다.

여덟째, 소유한 차종에 대해서도 구체적으로 고지하도록 변경되었다. 기존에는 자가운전 여부만을 알렸지만 자가용 승용차, 영업용 승용차, 오토바이 등으로 세분화해 고지해야 한다.

마지막으로 아홉째, 미성년 자녀를 위한 보험은 두 부모의 서면 동의가 필요하게 되었다. 이전에는 부모 중 한 사람만 동의하면 되었지만 지금은 부모 모두가 서면 동의해야 보험가입이 된다.

(출처: 김창호 지음 「보험상식충전소」)

피보험자가 보험가입 시 알려야 할 '중요한 사항'이란
보험사가 보험계약 전에 알았더라면 ▲청약 거절 ▲보
험가입금액 한도 제한 ▲일부 보장 제외 ▲보험료 할
중 ▲조건부 인수 등 계약 사항에 영향을 미칠 수 있
는 사항을 말한다.

보상·계약해지 척도
'가입 전 알릴 사항'

아침 일찍부터 보험사 담당자에게서 전화가 왔다. '얼마나 급한 일이기에 이른 시간부터 전화를 하나' 하는 생각도 잠시.

"과장님, 이거 좀 급한 건이고요, 서류 보시면 알겠지만, 연예인이에요. 담당 설계사의 누락으로 접수가 늦어졌거든요. 빠른 진행 부탁드릴게요. 부탁합니다."

담당자는 다급한 목소리로 건에 대해 약간의 정보만 얘기하고 황급히 전화를 끊었다. 보통 수임 건들은 돌아가며 조사자에게 배당된다. 그러나 문제가 있는 피보험자의 청구 건이나, 각각의 파트(▲상해 ▲후유장해 ▲진단 등)에 능력이 탁월한 사람들에게는 담당자가 직접 조사자를 지정해 위임하는 경우가 있다. 이런 건들을 일반적으로 '지정건'이라고 한다.

지정건을 받는다는 것은 이 업계에서 어느 정도 능력을 인정받았다는 방증이다. 하지만 믿어주는 만큼 문제없이 훌륭히 일 처리를 해야 한다는 강박을 가져오기 때문에 그만큼 부담감이 더 커지기도 한다.

따라서 조사자에게는 지정건이 100% 반갑지만은 않다.

　잠시 후 총무팀을 통해 조금 전 담당자가 위임한 수임 건의 서류가 도착했다. 조사 포인트를 잡기 위해 기본적인 서류 검토를 시작했다. '어?' 이름을 보니 지명도 높은 중년 여배우다. 자궁 평활근종으로 전 자궁적출술을 시행했다.

　과거력 확인을 포인트로 잡으면 되는 간단한 건이었다. 그러나 뭔가 느낌이 살살 올라왔다. 면책 가능성이 있을 수 있다는 생각이 들었다. 요즘 보험금 청구 시 초진기록지는 거의 필수 서류인데, 초진기록지 대신 재진기록지를 첨부한 것이다. 실수가 아니라면 초진기록지상 보험금 지급 관련해 피보험자 측에 불리한 내용이 있을 터였다. 재진기록지는 말 그대로 재진에 관한 기록이다. 초진과는 달리 상세한 문진내용이나 병력사항 등은 기재되지 않는다.

　만약 초진기록지를 제출하지 않았다면, 피보험자가 제출을 안 한 건지, 아니면 중간에 누락이 있었는지 확인이 꼭 필요하다. 대부분 이런 경우는 처음 내원한 날짜가 헷갈렸거나 가입 전에 이미 청구 진단명으로 통원했거나 하는 경우다. 서류를 확인하는 과정에서 내 '촉'은 가입 전 발병으로 인정하고 있었다.

　수임 안내 전화를 했다. 너무 유명한데다 매스컴을 통해 상당히 좋은 이미지로 알려진 배우라서 내심 가슴이 떨렸다. 그러나 공적인 부분을 잊고 떨리는 마음으로 안내하는 나와 다르게 피보험자는 언짢다는 느낌으로 불만을 제기했다. 담당 설계사가 보험금 청구 서류를 받아 놓기만 한 채 정작 보험금 청구 접수는 하지 않아 지연됐던 건이기 때문이다.

면담 날짜를 잡고 해당일에 피보험자 자택 인근에서 면담을 진행했다. 그런데 면담 초기부터 이상했다. 가장 기본적인 확인사항인 발병 시기를 묻는데, 이미 15년 전부터 자궁에 근종이 있었고, 제거수술을 두 번 시행한 경험이 있다. 그러나 근종의 재발 빈도수가 높아지는데다 마침 폐경이 돼 의사 권유로 전자궁적출술을 받았다고 대답하는 것이다.

이어진 과거력 확인도 가관이었다. 5년 이내에 사고력(질병, 상해)에 대해 물었더니, 유방에도 섬유선종이 있다. 이에 대해 섬유선종 제거술을 시행했다. 곧 보험금 청구 예정이라고 한다.

그녀는 너무 태연하게, 이런 과거 사실에 대해 술술 털어놨다. 문제는 피보험자 진술이 정확하다면 이 모든 병력이 보험가입 전이라는 것이다.

먼저 자궁근종 진단을 받은 최초 병원의 의무기록사본을 발급받아 확인을 해봤다. 그 결과, 피보험자의 진술대로 15년 전부터 이미 자궁근종으로 진료를 받고 있었으며, 당해 보험가입 전까지 1년에 한 번씩 추적검사를 시행했었다. 이후 당해 보험가입 1년 전 자궁근종이 재발해 추적검사를 시행하다가 동 보험가입 후 이번엔 아예 전자궁적출을 한 것이다. 또한 피보험자 진술대로 가입 전 다른 질병으로 인한 진단 및 치료 내역노 확인됐다.

일반적으로 질병 등의 진단 이후 추가 검사를 받은 경우는 해당 질병의 합병증이나 추가 질병의 발생 위험이 높은 경우이다. 따라서 최근 1년 이내에 의사로부터 진찰 또는 검사를 통해 추가검사를 받은 사실은 중요한 고지사항이 된다.

만약 보험가입 전 알릴 사항에 사실대로 병력을 기재했더라면 통상적으로 보험회사에서는 자궁에 대한 기간 부담보를 조건으로 계약을 인수했거나 거절했을 것이다. 근종을 절제한 경우에는 5년 이내의 부담보기간을, 수술을 하지 않고 완치가 되지 않은 경우에는 전기간 부담보 조건으로 계약을 인수했을 것이다. 가입 전 발병으로 청구한 보험금은 면책이다. 또한 가입 전 알릴 의무 위반은 계약해지다.

면책 건은 거의 전 건 담당 설계사에게 연락해 보험 모집경위서를 요청한다. 담당 설계사에게 안내를 하고 먼저 유선 통화를 시도했다. 젊은 남성 설계사로 유선상 간단한 질문을 했다.

계약 당시에 피보험자로부터 자궁근종이 있었다는 사실에 대하여 들은 적이 있었는지를 묻자 그는 '전혀 들은 바 없다. 이번 일로 처음 알게 됐다. 설사 고지할 의사가 있었다 하더라도 남성인 내게 여성 질병에 관해 얘기하기가 쉽겠느냐'며 오히려 내게 되물었다. 되묻는 말투에서 조금 미심쩍은 부분이 있었지만, 바로 경위서를 제출하겠다고 해 통화를 마무리했다. 잠시 후 모집경위서가 팩스로 도착했다. 내용은 통화 당시 그대로였다.

서류를 최종 마무리 짓고 담당자에게 보고한 뒤, 면책 해지의 결론으로 피보험자에게 안내했다. 피보험자는 결론에 대해 약간의 반발이 있었지만, 이내 수긍했다.

피보험자 대면 면담 시부터 담당 설계사와 통화를 할 때까지 어쩐지 미심쩍은 부분이 내 머릿속 한편에 계속 남아 있었다. 그러나 계약자와 모집인, 양측 진술에 따르면 피보험자는 청약서 계약 전 알릴 사항을 본인이 직접 작성, 자필 서명했다. 모집인에게 과거 병력에 대해 알린 적이 없으며, 모집인 또한 과거 질병에 대하여 들은 바 없다. 양측 진술이 및 서류에 의해 확인됐기에 면책 해지로 건을 종결 처리했다. 해당 건이 종결되고 담당 모집인으로부터 전화가 걸려 왔다. 감사하다는 말과 함께 앞으로 모집 시 더욱더 주의하겠다며.

보험사는 계약자(피보험자)의 건강, 병력사항, 직업, 취미 등의 개인적 정보사항에 대하여 전부를 알 수 없다. 그래서 청약 시 질문표라는 것을 만들어 계약자, 피보험자의 정보를 기재하게 만들어 놓았다. 질문의 내용 중 해당이 되는 내용이 있다고 기재했다면, 보험사는 계약의 승낙 여부를 결정할 때 참고하여 인수여부를 결정한다.

청약서의 병력 관련 질문사항에는 최근 3개월 이내 증상, 질병, 최근 1년 또는 5년 이내의 진찰, 검사 등에 대하여 질문한다. 질문 중 하나라도 해당이 되는 경우에는 병명, 치료기간과 치료비용, 병원, 완치 여부 등을 함께 기재하게 되어 있다. 그러므로 질문에 해당이 된다면 정확히 고지해야 한다.

최근 3개월 이내에 의사로부터 진찰 또는 검사를 통하여 질병 확정진단과 함께 질병의심소견을 묻고 있는데, 이는 그동안 질병의심소견을 중요한 사항으로 볼 것인지에 대한 분쟁이 많았기 때문이다.

예를 들어 직장 검진 결과에서 갑상샘 결절이 확인되어 내분비내과 진료 또는 추적검사가 필요하다고 통보받은 경우는 알려야 할 중요한 사항으로 보험금 지급 책임을 면한다고 한 조정위원회의 결정도 있었다 (금융분쟁 조정위원회 분쟁조정 제 2009-80호).

따라서 질병의심소견은 피보험자의 건강상태를 파악할 수 있는 중요한 정보로 고지해야 할 중요한 사항이라 본다. 2010.04.21. 보험감독업무시행세칙 개정에 따라 '질병의심소견'이 질문표에 포함되었다.

(생명보험) 부활청약 시 계약 전 알릴 의무 위반한 경우 보험금 지급 여부

사실관계

A씨는 B보험사와 암보험 계약을 체결·유지하던 중 B형 간염 및 간기능 이상으로 75일간 투약치료 및 5차례 통원치료를 받게 되었다. 이후 A씨는 보험료를 납입하지 않아 동 보험계약이 해지되자 그 계약을 부활시켰다. 부활청약 시 A씨는 B형 간염 및 간기능 이상으로 인한 치료 사실을 B보험사에 알리지 않았다. 이듬해 A씨는 간경화로 입원하게 되어 B보험사에 관련 보험금을 청구하였다.

◆ 보험사 주장

계약 부활 전 간염으로 인한 장기 투약치료 사실을 알리지 않았으므로 계약 전 알릴 의무 위반을 이유로 계약을 해지하며, 간염과 간경화 간에 인과관계가 있으므로 관련 보험금을 지급할 수 없다고 주장한다.

◆ 신청인 주장

병원에서 치료받은 것은 보험료 미납으로 인해 계약이 해지되기 이전에 발생하였던 일인데 이를 부활 시 알리지 않았다고 계약을 해지하고 보험금을 지급하지 않는 것은 부당하다고 주장한다.

◆ 분쟁조정위원회 결정

약관 제20조에 의하면 부활되는 계약의 계약 전 알릴 의무는 동 약관 제15조의 보험계약자 또는 피보험자는 청약 시 청약서에서 질문한 사항에 알고 있는 사실을 반드시 사실대로 알려야 한다는 규정을 준용하도록 되어 있다. 또한 부활청약서에는 청약일을 기준으로 과거 5년간의 피보험자의 병력을 알리도록 정하고 있다. 계약 실효 전의 치료 사실은 알리지 않아도 된다는 규정이 없으며, 이는 부활청약 시 발생할 수 있는 역선택의 위험을 방지할 취지로 보인다. 따라서 보험계약 실효 전이라도 과거 5년 내에 발생한 치료 여부를 묻는 청약서 질문에 사실과 다르게 기재하고 자필 서명한 신청인은 고의·중과실이 있으므로 계약 전 알릴 의무 위반에 따른 계약해지는 타당하다고 판단했다.

약관상 계약 전 알릴의무 위반사실이 보험금 지급사유 발생에 영향을 미친 경우 보험금을 지급하지 않으며, 의료경험 원칙상 B형 간염은 간경화를 일으키는 주요 요인이므로 보험금을 지급하지 않는 것은 타당하다고 결론을 내렸다.

(출처: 금융감독원, 「금융생활안내서」(보험편), 2007)

**체크
포인트** ✔

질병 등의 진단 이후 추가 검사를 받은 경우는 해당 질병의 합병증이나 추가 질병의 발생 위험이 높은 경우로 추정된다. 따라서 최근 1년 이내에 의사로부터 진찰 또는 검사를 통해 추가검사를 받은 사실은 중요한 고지사항이다.

계약전 알릴 의무사항 [회사보관용]

증권번호

(아래 내용란은 반드시 계약관계자 본인이 직접 자필로 기재해 주시기 바랍니다.)

☑ 피보험자(보험대상자)에 관한 다음 사항은 ⬜ 이 보험계약의 청약을 인수하는데 필요한 자료이므로 보험계약자 및 피보험자(보험대상자)는 사실대로 알려야 합니다.

☑ 만약 아래사항(1~14번)에 대하여 사실대로 알리지 않거나 사실과 다르게 알린 경우에는 (보험가입이 거절)될 수 있으며, 특히 그 내용이 「중요한 사항」에 해당되는 경우에는 보험계약자 또는 피보험자(보험대상자)의 의사와 관계없이 보험 약관상 「계약전 알릴 의무 위반의 효과」조항에 의해 (계약이 해지되거나 보장이 제한)될 수 있습니다. 「중요한 사항」이란 회사가 그 사실을 알았더라면 보험계약의 청약을 거절하거나 보험가입금액 한도제한, 일부보장제외, 보험금 삭감, 보험료 할증과 같이 조건부로 인수하는 등 계약인수에 영향을 미치는 사항을 말합니다.

☑ 부활(효력회복)시에는 계약전 알릴 의무 대상 기간을 「최초 계약(해당일)또는 직전 부활(효력회복)(일)」이후로부터 부활(효력회복)을 청약한 날,까지의 기간과 「계약전 알릴 의무 대상기간」이래 질문의 최근 3개월, 1년, 5년,중 짧은 기간」으로 합니다.

☑ 다음 사항을 보험설계사 등에게 구두로 알린 경우에는 보험회사에 알리지 않은 것으로 간주되므로 청약서에 서면으로 알려주시기 바랍니다.

내 용	주피보험자		종피보험자	
	예	아니오	예	아니오
1 최근 3개월 이내에 의사로부터 진찰 또는 검사를 통하여 다음과 같은 의료행위를 받은 사실이 있습니까? ① 질병확정진단 ② 질병의심소견 ③ 치료 ④ 입원 ⑤ 수술(제왕절개포함) ⑥ 투약 ※ 진찰 또는 검사란 건강검진을 포함하며, 질병의심소견이란 의사로부터 진단서 또는 조견서를 발급받은 경우를 말합니다.				
2 최근 3개월 이내에 마약을 사용하거나 혈압강하제·신경안정제·수면제·각성제·혈당강하제·진통제 등 약물을 상시 복용한 사실이 있습니까?				
3 최근 1년 이내에 의사로부터 진찰 또는 검사를 통하여 추가검사(재검사)를 받은 사실이 있습니까?				
4 최근 5년 이내에 의사로부터 진찰 또는 검사를 통하여 다음과 같은 의료행위를 받은 사실이 있습니까? ① 입원 ② 수술(제왕절개포함) ③ 계속하여 7일 이상 치료 ④ 계속하여 30일 이상 투약 ※ 여기서 "계속하여"란 같은 원인으로 치료 시작 후 완료일까지 실제 치료, 투약 받은 일수를 말합니다.				
5 최근 5년 이내에 아래 10대 질병으로 의사로부터 진찰 또는 검사를 통하여 다음과 같은 의료행위를 받은 사실이 있습니까? ① 암 ② 백혈병 ③ 고혈압 ④ 협심증 ⑤ 심근경색 ⑥ 심장판막증 ⑦ 간경화증 ⑧ 뇌졸중(뇌출혈·뇌경색) ⑨ 당뇨병 ⑩ 에이즈(AIDS) 및 HIV보균 ⑪ [실손의료비가입의 경우] 직장 또는 항문관련질환[치질, 치루(누공), 치열(찢어짐), 항문농양(고름집), 직장 또는 항문탈출, 항문폐쇄] 1) 질병확정진단 2) 치료 3) 입원 4) 수술 5) 투약 ※ 고혈압전용 "간편심사" 알브암상품(일반심)보험상품 제외에 가입하신 경우 ③고혈압, ⑨당뇨병은 고지하지 않으셔도 됩니다.				
6 [여성의 경우] 현재 임신중입니까? "예"인 경우 임신 주				
7 [태아가 가입하는 경우(주계보험 또는 특약)] 임신과정 등 산전검사에서 아래와 같은 태아 이상 가능성이 발견되었거나 진단을 받은 적이 있습니까? ① 선천성기형 ② 선천성장애 ③ 자궁내발육부전 ④ 큰몸증 ⑤ 신경학적결손 ⑥ 염색체이상 ⑦ 양수과소증 ⑧ 양수과다증 ⑨ 태아수종 ⑩ 용혈성질환 ⑪ 태아감염 ⑫ 인공수정 ⑬ 다태아임신 ⑭ 과숙임신 ⑮ 전치태반 ⑯ 태반조기박리 ⑰ 자궁경관무력증				
8 [CI를 보장하는 상품(주계보험 또는 특약)] 신장, 간, 조혈모세포 등 신체 장기를 이식 받은 적이 있습니까?				
9 ["장기요양상태"를 보장하는 보험에 가입하는 경우 기재하세요!] 아래와 같은 일상의 활동 중에 다른 사람의 도움을 필요로 하거나 보살핌을 필요로 하십니까? ① 이동(보행)하기 ② 식사하기 ③ 화장실 사용하기 ④ 목욕하기 ⑤ 옷입기 ※ 가입자 보관용 뒷면의 "일상생활 기본동작"을 참조하여 기재해 주십시오				
10 ["장기요양상태"를 보장하는 보험에 가입하는 경우 기재하세요!] 최근 5년 이내에 다음과 같은 기구, 장비를 사용하신 적이 있거나 현재 사용하고 계십니까? ① 휠체어(보조이동장치 포함) ② 목발·지팡이 ③ 도뇨관(導尿管) ④ 산소호흡장치 ⑤ 인공호흡장치 ⑥ 투석장치 ⑦ 기타의료보조기구				
11 현재 눈, 코, 귀, 언어, 씹는 기능, 정신신경 기능에 장애가 있습니까?				
12 현재 팔, 다리, 손(손가락포함) 또는 발(발가락 포함), 척추의 손실 또는 변형으로 인한 외관상 신체의 장애가 있습니까?				

상기 질문 1~12번 중 "예"인 경우 그 내용을 정확히 기재해 주십시오.

대상자	질문번호	병 명	치료기간	치료내용 및 치료병원	재발경험	완치여부
			년 월 일 ~ 년 월 일( )주		예 아니오	예 아니오
			년 월 일 ~ 년 월 일( )주		예 아니오	예 아니오

(2-1)

내 용	주피보험자		종피보험자	
	예	아니오	예	아니오

13	현재 운전을 하고 있습니까? (주피보험자 : / 종피보험자 :) ① 승용차(자가용) ② 승용차(영업용) ③ 승합차(자가용) ④ 승합차(영업용) ⑤ 화물차(자가용) ⑥ 화물차(영업용) ⑦ 오토바이(50cc미만 포함)(자가용) ⑧ 오토바이(50cc미만 포함)(영업용) ⑨ 건설기계 ⑩ 농기계 ⑪ 기타( )	
14	최근 1년 이내에 다음과 같은 취미를 자주 반복적으로 하고 있거나 관련 자격증을 가지고 있습니까? (빈도 : 년간 / 월간 회, 자격증명 :) ① 스쿠버다이빙 ② 행글라이딩, 패러글라이딩 ③ 스카이다이빙 ④ 수상스키 ⑤ 자동차, 오토바이 경주 ⑥ 번지점프 ⑦ 빙벽, 암벽 등반 ⑧ 젯트스키 ⑨ 래프팅	

		주피보험자	종피보험자
15	귀하의 작업은 무엇입니까?	근무처 : 취급업무(구체적) :	근무처 : 취급업무(구체적) :

아래 사항 16번~23번은 사실과 다를 경우 보험가입이 거절될 수 있습니다.	주피보험자	종피보험자
16	[실손의료비를 보장하는 상품(주보험 또는 특약)가입의 경우] 현재 의료기관에 예약증인 검사 또는 치료를 목적으로 하는 진료가 있습니까? (단순 종합검진은 제외)	(예, 아니오) • 검사명 : • 예약일 :	(예, 아니오) • 검사명 : • 예약일 :
17	체격(키/몸무게)	( )cm / ( )kg	( )cm / ( )kg
18	다른 보험회사(우체국보험 및 각종 보험)(판매사 포함)에 생명보험, 손해보험, 제3보험 또는 각종 공제계약을 가입하고 있습니까?	• 총 가입건 : 건 • 월 보험료 : 만원	• 총 가입건 : 건 • 월 보험료 : 만원
19	향후 3개월 이내에 다음과 같은 해외 위험지역으로 출국할 예정이 있습니까? [전쟁지역, 미개척지(열대, 한대), 등반산악지대]	• 지역 : • 목적 : • 기간 : ~	• 지역 : • 목적 : • 기간 : ~
20	부업 또는 겸업, 계절적으로 종사하는 업무가 있습니까?	• 업무명 :	• 업무명 :
21	월 소득(계약자기준) : ( )원		
22	음주(주) : 음주횟수, 음주량(소주병)	( )회 / ( )병	( )회 / ( )병
23	1일 흡연량과 흡연기간은?	( )개피 / ( )년	( )개피 / ( )년

※ 계약자 또는 피보험자(보험대상자) 본인이 자필서명을 하지 않으신 경우에는 보험계약이 무효가 되어 보장을 받지 못할 수도 있습니다.

자필서명	보험계약자	성명 :	서명 :
	주피보험자	성명 :	서명 :
	종피보험자	성명 :	서명 :
	신권자 권	성명 :	서명 :
	후견인 계	성명 :	서명 :

※ 본 청약서는 계약자, 피보험자(보험대상자) 본인이 사실대로 직접 작성하였으며, 피보험자(보험대상자)의 서면상 동의를
얻어 청약하였고, 계약 전 알릴 의무사항의 답변내용은 사실과 일치하며, 보험계약자 및 피보험자(보험대상자)
본인이 직접 작성하였음을 확인합니다. 또한 귀사가 이 사항과 관련하여 필요시에는 별도의 확인을 할 수 있으며,
의사가 본인의 질병 등 건강상태를 조회하거나 열람토록 하는것에 동의합니다.

청약일자 : 년 월 일

※ 계약자 또는 피보험자(보험대상자)가 미성년자 일때는 반드시 부모(친권자)
두분이 서명해 주시기 바랍니다.

설계사에게
다 말했는데…,
고지의무위반이라니요?

보험의 역사는 언제부터 시작되었을까?

인류의 삶이 시작한 이래, 보험의 역사는 원시시대로 거슬러 올라간다. 보험의 기초개념인 상부상조의 개념은 원시인들이 산이나 들에서 식량을 구해 이동할 때 발생할 수 있는 사고나 위험에 대처하기 위해 만든 '서로 간의 약속'으로부터 출발했다.

현행 보험은 다수의 계약자가 보험료를 갹출해, 우연한 사고를 당한 한 사람에게 기금을 몰아 도와주는 것이므로, 동일한 집단의 계약자가 동등하게 보상을 받아야 한다. 이를 위해 소비자는 보험계약서 사인을 하기 전, 먼저 명확하게 고지의무를 이행해야 한다. 형평성에 어긋나지 않는 보상을 위해서다.

미래의 사고나 위험은 그 누구도 예측할 수가 없다. 보장성보험 계약한 건 가입하는 것도 중요하지만, '제대로' '중요한 사항'에 대해 적절히 고지해야만 보험금을 받을 때 분쟁이 발생하지 않는다.

30대 초반의 박 씨는 물류회사에서 경영 사무직으로 일하고 있는 미혼 여성이다. 대학을 졸업하고 처음 입사한 회사에서 진득이 5년째 사무직으로 일하고 있다. 하루의 일과는 모닝커피를 시작으로 컴퓨터를 켜고 업무를 보는 것. 온종일 책상 앞에서 하루를 시작하고 또 하루를 마친다. 문서작업과 거래처 관리가 업무 대부분으로 점심과 화장실 가는 시간을 제외하고는 책상과 일심동체가 되어 업무를 한다.

그런데 작년부터 허리 쪽이 슬슬 아파지기 시작하더니 몇 달 전부터는 가끔 허리를 펼 수 없을 정도로 통증이 오거나 다리 쪽이 자주 저려왔다. 스트레칭할 여유도 없고 늘 구부정한 자세로 컴퓨터를 바라보니 뒷목이 늘 뻣뻣했고, 자세도 좋지 않았다.

어느 날 이대로는 안 되겠다 싶은 생각에 회사 근처 정형외과에 내원하여 검사를 받았다. 엑스레이상 요추에 추간판 팽윤이 의심된다는 소견이었고, 정확한 검사를 위해 MRI 검사도 받았다. 최종 소견은 요추 3~4번 추간판탈출증으로 튀어나온 디스크가 신경을 누르고 있어 다리까지 저린 방사통이 이어지고 있다는 것. 담당의는 당장 통증은 진통제로 가라앉힐 수 있지만, 지속적으로 통증이 이어진다면, 디스크성형술을 받아야 한다고 했다.

젊은 나이, 수술에… 병원비에… 복합적인 걱정이 이만저만이 아니었던 박 씨. 그녀는 수술에 대한 두려움보다 당장 눈앞의 병원비부터 걱정됐다. 그리고 순간, 앞으로 어떤 큰 질병이나 사고를 당했을 때 어디서 병원비를 구해야 할지 막막해지기 시작했다. 적금해약? 담보대출? 아니면 집을 팔아서? 등등 별의별 생각이 다 들었다.

그녀는 친구를 통해 보험설계사를 소개받았고, 다음 날 설계사는 실손의료비보험에 초점을 맞춘 청약서를 가지고 왔다. 박 씨는 청약서를 꼼꼼히 읽어보며 사인까지 마쳤다.

그런데 계약 전 알릴 질문사항표를 읽어보던 박 씨는 질문항목 중 ▲ 3개월 이내에 의사로부터 진찰·검사를 통하여 진단을 받았거나, 그 결과 치료·입원·수술·투약을 받은 사실이 있습니까? ▲최근 5년 이내에 의사로부터 진찰, 검사를 받고 그 결과 입원 수술, 정밀검사를 받았거나 계속하여 7일 이상 치료 또는 30일 이상 투약을 받은 적이 있습니까? 라는 항목에 약간의 의문이 들었다.

바로 설계사에게 며칠 전 허리통증으로 정형외과에 내원하여 의사로부터 검사를 받고 치료를 받았던 얘기를 전부 들려주었다. 그러자 설계사는 수술하지 않았고, 별다른 문제가 없을 것으로 보이니 '아니오'에 체크해도 된다고 답변했다. 설계사의 말이 조금 미심쩍었지만, 그래도 보험에 대해서는 자신보다 전문가일 것이라는 생각으로 설계사의 말 그대로 '아니오'에 체크한 후 서명을 했다.

이후 박 씨는 지속적으로 병원에 내원하여 약을 처방받아 복용하다가 허리통증이 차도가 없어 결국은 디스크 성형술을 받고 보험금을 청구했다.

그렇다면 이런 경우에 피보험자는 허리치료 부분에 대하여 보상받을 수 있을까?

보험사고는 보험기간 중 발생한 것만 보상받을 수 있다. 즉, 박 씨의 요추의 추간판탈출증은 보험가입 전 발생한 것으로 보상받을 수 없다.

또한 이는 명백한 계약 전 알릴 의무 위반에 해당된다. 계약 전 알릴 의무는 상법 651조에서 정하고 있는 고지의무로, 보험계약자나 피보험자는 청약 시에 보험회사가 서면으로 질문한 중요한 사항에 대해 사실대로 알려야 하며, 위반 시 보험계약의 해지 또는 보험금 부지급 등 불이익을 당할 수 있다.

그러나 계약 당시 박 씨는 자신의 병력사항에 대해 설계사에게 알렸고, 설계사는 이에 대해 불고지를 권유하며 보상에 아무런 문제가 없다고 일축했다. 그저 괜찮다며 계약체결만을 서두른 것. 이 같은 정황 때문에 다행히 박 씨는 일부 금액에 대해 보상을 받을 수 있었다. 이 경우 설계사는 보험사로부터 구상청구가 들어갈 수 있다(계약자의 과실 여부도 판단).

이후 보험계약의 유지 또는 해지 여부는 어떻게 될까? 계약 전 알릴 의무를 성실히 이행하지 않았기에 고지의무위반으로 인한 해지가 적용될 수 있다. 그러나 약관의 계약 전 알릴 의무의 효과에 대한 부분을 살펴보면, 다음과 같은 경우는 해지할 수 없다고 명시돼 있다.

'설계사 등이 계약자 또는 피보험자에게 고지할 기회를 부여하지 아니하였거나 사실대로 고지하는 것을 방해한 경우, 사실대로 고지하지 않게 하였거나 부실한 고지를 권유했을 때는 계약 전 알릴 의무 위반의 효과를 적용할 수 없다.'

약관을 보면 설계사의 고지 방해나 부실 고지 권유는 해지할 수 없음을 알 수 있다.

설계사는 보험회사와 고객을 연결해주는 중개의 역할을 할 뿐, 계약을 체결하는 권한이 없다. 상법 보험계약법 편을 살펴보면 ▲설계사는 고지의무수령권(통지의무수령권) ▲계약 체결 대리권 ▲보험료 영수권이 없다고 명시돼 있다(1회 보험료 영수권에 대해서 인정한 판례는 있다).

따라서 설계사에게 병력이나 기타 고지를 하는 것은 보험회사에 알린 것과 같지 않다. 아무런 효력이 없는 셈이다. 설계사는 보험사와 고객을 연결해주는 중개의 역할을 하고 있을 뿐, 이러한 법적 권한이 없기 때문이다.

따라서 소비자는 계약 시 고지사항을 구두로 말하지 않고 반드시 계약 전 알릴 질문사항표를 통해 명확히 알려야만 한다. 계약 전 알릴 사항에 제대로 알리지 않은 경우 추후 보상 청구 시 보험금을 지급받지 못한다거나, 계약이 해지 되는 낭패를 겪을 수 있다. 결국 소비자 본인이 보험사에 제대로 알려야만 제대로 보상받을 수 있다.

판례에서도 "보험가입 이전에 교통사고로 치료받은 전력을 알려주었다 하더라도 일반적으로 보험모집인은 독자적으로 보험사를 대리하여 보험계약을 체결할 권한이 없을 뿐 아니라, 고지의 수령권도 없으므로 보험모집인에게 고지한 것만으로는 보험자에게 고지의무를 이행한 것으로 볼 수 없다(서울지방법원 2002가합30676 판결)."며 이를 인정하고 있다.

또한 알릴 의무의 구두이행도 알릴 의무 이행으로 보지 않는다는 사실도 알아야 한다.

한 사례로 어느 계약자가 모친 앞으로 생명보험에 가입하고자 보험설계사를 불러 보험계약을 체결했다가 보험회사로부터 해지 당한 경우가 있다. 그는 계약 전 모친이 간 기능에 이상이 생겨 병원치료를 받은 사실을 보험설계사에게 구두로만 알린 채 청약서에는 기재하지 않아 보험회사로부터 계약 전 알릴 의무 위반을 이유로 해당 보험계약을 해지 당하였다.

보험설계사 또한 한두 건 계약으로 영업에 종지부를 찍을 게 아니라면 제대로 알리고, 고객이 제대로 보상받을 수 있도록 안내해야 한다. 결국 기본적인 '보상지식'은 고객을 위한 책임감과도 같다. 보상이든 약관이든 고객이 알아야 할 것을 정확히 제시해 계약을 체결하면, 완전판매가 이루어질 수밖에 없다.

체크 포인트

제대로 '중요한 사항'에 대해 적절히 고지해야만 보험금을 받을 때 분쟁이 발생하지 않는다. 또한 설계사에게 고지하는 것은 보험회사에 알린 것과 같지 않아 아무런 효력이 없다.

자필 서명
미이행과
보험금 면책

보험계약자는 보험약관 및 청약서의 모든 내용, 계약 전 질문사항(고지의무)을 꼼꼼히 읽고 청약서상의 내용을 직접 기재하고, 계약자 및 피보험자의 확인 부분에 직접 서명 날인을 해야 한다. 설계사가 내민 청약서를 마주하는 순간, 왜 이렇게 쓸 게 많고 복잡한가 생각이 들어도, 자세히 살펴보고, 이해하고 작성을 해야 추후에 보상받을 때 문제가 생기지 않는다.

간혹, 계약 전 알릴 의무 사항에 대한 질문에 기재를 하고 서명은 설계사가 한다거나, 또는 계약자와 피보험자가 다른 경우, 피보험자의 서명을 계약자가 대신 (미성년자 제외- 부모가 가능) 하는 행동은 절대 하지 말아야 한다. 다시 한번 확인하는 자필 서명란도 빠짐없이 작성해야 계약의 효력이 발생한다. 참고로 설계사는 보험계약을 중개하는 중개인의 역할을 하는 것이지, 보험회사를 대리하는 직원이 아니다. 즉, 보험계약 당사자는 보험회사와 고객이라는 것을 명심해야 한다.

P는 대기업의 경영지원팀 신입사원으로 얼마 전 사랑하는 여자와 드디어 결혼식을 올리고 달콤한 신혼을 즐기고 있었다. 대학교 신입생으로 만난 둘은 연애 기간이 남보다 길었고, 대학졸업 후 바로 취직이 안 되어 P는 늘 여자친구에게 미안한 마음을 가지고 취업준비를 했다. 취업이 되면 바로 결혼을 하자고 약속한 P는, 마침내 원하던 대기업의 합격통보를 받았고, 신입사원 연수를 마치고, 4개월 후 결혼식을 올렸다.

취업도 했고 결혼을 한 P는 안정적인 가정을 꾸려 앞으로의 인생에 대한 전반적인 자산컨설팅이 필요했다. 앞으로 3년 이내에는 아이를 가질 계획이 있어, 아이의 교육자금이나 목돈, 보험, 또 부부의 노후자금 등에 대해 자세히 알아봐야겠다고 생각했다. 그러던 찰나, 같은 부서 내 선배의 권유로 설계사 김 씨를 소개받았다. 설계사면 보험에 꼭 가입해야 하는 것 아니냐는 부담이 들어 잠깐 망설였지만, 보험뿐 아니라 인생의 전반적인 자산컨설팅을 해줄 수 있는 사람이라고 하여 안심하고 상담을 받기로 했다. 선배의 말대로 여러 가지 돈 관리 등에 대해 조언을 받은 P는 여태껏 보험에 한 건도 가입이 되어 있지 않은 아내를 위해 건강보장과 사망보험금 등을 담보로 하는 종신보험에 가입했다. 또 각종 금융상품의 종합적인 컨설팅을 함께 받아 월급 일부를 계획적으로 여러 상품에 저축 및 투자를 했다.

그로부터 1년 후 어느 날, 다른 부서와 합동회의를 하고 있던 P에게 걸려온 수차례의 전화. 회의라 전화를 받지 못한 P는 불길한 예감이 들어 회의가 끝나자마자 발신번호로 전화를 걸었다.

전화가 걸려온 곳은 대학병원의 응급실. 김○○ 씨의 배우자 되느냐는 질문에, 몇 초간의 정적이 흐른 후 예라고 짧게 대답한 P는 곧바로 상상할 수 없는 말을 듣는다. 아내가 시내의 한 도로에서 중앙선을 침범하여 유턴하던 차와 정면 추돌하면서 그 자리에 숨졌다는 사실. 믿기지 않는 사실을 듣고 바로 병원으로 달려간 P는 아내의 얼굴을 확인하고 오열하며 그 자리에 주저앉았다.

장례를 마치고 일상생활로 돌아온 P는 아내의 물품을 버리지 못하고 있던 중 보험증권을 보게 된다. 직장 선배의 소개를 받고 설계사로부터 자산컨설팅을 받고 가입한 아내의 종신보험 증권이었다. 시골에 계시는 장모님께 드릴 생각으로 설계사에게 연락을 취해 보험금 청구를 하게 된다. 사망보험금 청구 시에 관련된 모든 필요 서류를 제출하고 일주일의 시간을 기다렸다.

그러나 보험사에서는 확인이 더 필요하다는 답변만 한 채 조금 더 기다려달라고 말할 뿐이었다. 그 사이 보험회사의 위임을 받은 손해사정 직원이 면담을 위해 다녀갔고, 아내가 생전에 쓰던 수첩을 확인했다.

보험금 청구 후 딱 한 달째 되던 날 보험회사에서 연락이 왔다. 청구한 사망보험금은 지급할 수 없다며, 근거는 계약자(P)와 피보험자(아내)가 다른 계약인데 피보험자의 서명이 자필 서명이 아니라는 이유였다.

이에 대해 P는 아무런 항의성의 납변을 할 수가 없었다. 보험사 측의 말이 사실이었기 때문이다.

보험계약자와 피보험자(보험대상자)가 다른 경우, 피보험자의 사망을 담보로 하는 계약의 경우, 반드시 피보험자의 서면 동의를 받아야 한다. 만약 피보험자의 서면 동의를 받지 않은 경우에는 보험계약은 무효가 된다. 즉, 보험사고 발생 시, 보험금을 지급 받을 수 없다.

다른 사람의 사망사고를 담보로 하는 계약은 반드시 피보험자의 서명 날인을 받아야 계약의 효력이 발생하므로 추후 서명 날인 하지 않은 사실이 밝혀질 경우에는 그 계약은 효력이 발생하지 않은 것과 같은 효과를 준다. 따라서 피보험자가 사망하더라도 보험회사는 보험금 지급책임이 없다.

그러나 만약 보험회사에서 다른 사람의 사망사고를 담보로 하는 계약에서 피보험자의 동의를 받지 않았다 하더라도, 보험회사가 그 사실을 이미 알고서도 보험계약을 유지했거나 피보험자의 동의를 받지 않은 책임이 보험회사에 있는 경우에 보험회사는 사망보험금을 지급해야 한다. 이런 경우에는 사망보험금 일부를 지급하고 있다. 왜냐하면, 계약당사자, 즉 보험회사와 보험계약자 양측에게 모두 책임이 있다고 보기 때문이다.

보험 따라잡기 10. 자필 서명의 중요성

대법원은 지난 1989년부터 상법 제731조에 따라 가입 당시 피보험자의 서면 동의가 없는 계약은 동 조항에 따라 무효라고 판결한 바 있다.

하지만 보험설계사 연고 판매가 많은 보험업계 관행상 대규모 계약 무효 사태를 우려한 보험회사들이 상법 및 대법원 판례에도 불구하고 생명보험회사 사장단 결의로, 2010년에는 '자필확인서'나 '보험보장확인서' 등을 발급하여, 악의적인 경우를 제외하고는 보험금을 지급한다고 소비자를 안심시킨 바 있다. 그러나 한국소비자원이 국내 36개 보험회사에 대해 '피보험자의 미동의 계약의 보험금 지급 실태'를 조사한 결과, 보험사기, 역선택 등 도덕적 위험이 있는 계약은 모든 보험회사가 아예 지급하지 않았고, 일부 보험회사는 도덕적 위험이 없더라도 계약자 과실을 적용하여 보험금을 삭감한 것으로 나타났다. 판례를 보면 배우자 동의 없이 계약을 체결해서 나중에 승인한 경우도 무효로, 보험금을 지급할 수 없다고 한 판결(대법원 2009다74007)이 있다. 보험설계사가 피보험자의 서면 동의를 설명하지 않았다고 하더라도 계약자도 과실이 있는 만큼 보험금 전부가 아닌 40%를 삭감해야 한다고 한 판결(대법원 2007다30263)도 있다.

반면 피보험자가 한글을 몰라 보험 계약자가 대신 서명한 경우에는 유효한 것으로 본 판결(대법원 200669141)도 있다. 결국 자필 서명이 없는 계약은 원칙적으로 무효라는 얘기다. 보험회사가 신의성실의무, 민원 예방 등을 이유로 보험금을 지급하기도 하지만 이는 어디까지나 보험회사의 '선의'에 의한 것이지 반드시 그래야만 하는 것은 아니다. 경우에 따라서는 보험금 삭감이나 지급 거절을 하는 경우도 있으므로 분쟁을 방지하기 위해서는 가입할 때 꼼꼼히 살펴보고 모두 자필로 서명해야 한다.

(조재빈 지음 『보험회사를 이기는 싸움의 기술』)

피보험자의 서명 날인을 받지 않거나 자필 서명이 아
닐 경우 피보험자가 사망하더라도 보험회사는 보험금
지급책임이 없다. 그러나 보험회사가 피보험자의 동의
를 받지 않은 사실을 이미 알고서도 보험계약을 유지
했거나 피보험자의 동의를 받지 않은 책임이 보험회사
에 있다면 보험회사는 사망보험금을 지급해야 한다.

유방암
수술과
유방복원술

30대의 전업주부 이 씨는 아이 둘을 낳고, 전업주부로 살고 있었다. 3살, 5살 아이를 키우며, 오전에는 잠깐 헬스장에 다녀오고, 오후에는 아이들과 시간을 보내며 바쁘게 살고 있다

어느 날, 아이들을 유치원에 보내고 커피 한잔을 마시며 텔레비전을 켰는데, 요즘에 발병이 많은 유방암에 대해서 방송하고 있는 것이 아닌가? 하긴 주위에서도 앞집 엄마의 언니도 유방암 진단받고 항암 치료 중이라는 얘기를 얼핏 들었던 기억이 났다. 이 씨는 방송의 의사가 하는 자가검진을 따라 해보기로 했다. 의사가 하라는 대로 오른쪽 어깨 바로 밑에 베개를 두고 누워 오른팔을 머리 뒤에 받치고 우측 유방을 눌렀는데, 단단한 느낌이 났다. 다시 한번 따라 해보아도 덩어리 같은 게 만져지는 것이다. 불길한 예감이 든 이 씨는 동네 병원의 유방외과를 방문해 검사를 받았다.

결과는 청천 벽력이었다. 이제 나이 30대 중반, 아직 암으로 진단받기에는 이른 나이가 아닐까. 하지만 넋 놓고 지체할 틈이 없었다. 바로

3차 병원으로 전원하여 유방절제술 및 복원술을 받고 항암 치료를 모두 마쳤다.

한국에서 여성 암 발병률 2위 유방암. 여성이라면 피해갈 수 없는 대표적인 여성 암 중 하나다. 서양에서는 발생률, 사망률 1위이고, 한국에서는 2위다. 최근에는 건강검진이 활발해지면서 조기발견이 많아졌다.

유방암은 유방 내에만 발생하기도 하지만, 진행이 되면 유방의 전체 부위 및 겨드랑이 부분까지 발생하기도 한다. 심한 경우는 뼈나, 뇌 등의 부위까지 원격전이가 발생하기도 하는 질환이다. 유방암은 아직 정확한 원인에 대해서는 밝혀지지 않았지만, 유전이나 호르몬, 환경적 요인을 원인으로 발생하는 것으로 예측하고 있다.

유방암의 대표적인 치료방법인 유방절제술. 초기 유방암의 경우엔 암과 주위의 정상 조직 일부를 절제하는 유방보존술을 받는다. 그러나 암의 크기가 크거나 여러 곳에 종양이 있는 경우는 유방절제술을 받는다.

유방은 여성성의 상징이다. 그래서 유방암 진단을 받은 여성들은 암으로 인한 고통보다 여성성을 상실했다는 자괴감 때문에 힘들어한다. 실제 유방암 수술을 받은 환자들은 재발에 대한 두려움보다 심리적 고통에 시달린다는 보고가 있기 때문에 유방절제술을 하면서 유방복원술을 같이 시행하는 경우가 많다.

이 수술은 몇 년 전 할리우드 여배우 앤젤리나 졸리에 의해 더 알려진 수술이다. 사실 앤젤리나 졸리는 유방암 진단을 받은 환자가 아니다. 그녀의 친정엄마, 이모가 유방암 진단을 받은 가족력이 있다. 따라서 그녀도 수술을 받지 않을 경우 유방암에 걸릴 확률 87%라는 의사의 말에 따라 자신의 현실을 알고 가능한 한 위험을 최소화하기 위해 수술을 결심했다고 한다.

그녀는 유전자 검사에서 유방암이 걸릴 확률이 높아 위험을 낮추고 불안을 해소하기 위해 유방절제술을 한 것이다. 대신 유방을 원래대로 하기 위해 보형물을 삽입하여 복원술을 했다.

유방암 수술은 유방외과나 일반외과에서 수술을 받지만, 유방복원술은 성형외과에서 시행한다. 암 진단받고 치료를 대부분 종합병원급에서 하고 복원술도 마찬가지로 동시에 시행 받는다. 하지만 이 복원술은 국민건강보험공단 요양급여기준에 따라 모두 비급여로 처리되어 환자가 100% 부담해야 하는데, 보통 비용은 현재 대학병원기준 1,500만 원 수준이다. 이렇다 보니 유방암 진단을 받고, 절제술, 복원술, 항암 치료까지 포함하면 실제 쓴 의료비는 어마어마해지기 마련이다. 문제는 유방복원술에 대한 비용을 실손에서 지급하느냐다.

그동안 성형외과에서 한 유방복원술에 대해 실손의료비를 지급하는 것이 맞느냐 아니냐에 대해 논란이 많았던 게 사실이다. 실무에서는 뚜렷한 기준이 없었기 때문에 미용 목적으로 보험금을 지급 거절하거나 일부만을 지급하는 사례들이 있었다.

포인트는 암 수술을 위해 치료를 목적으로 한 것으로 볼 수 있는가의 문제가 화두였는데, 얼마 진 이주 주목할 조정사례가 있었다 (2012.09.25 금융분쟁조정위원회 조정 결정).

조정 내용은 유방암 진단 후, 유방절제술을 한 환자들에게 예상되는 우울증이나 인체 비대칭으로 인한 합병증(척추측만증, 어깨 처짐, 허리 통증 등)의 예방을 위해 필요하다면, 원래 모습으로의 유방 재건은 치료를 위한 것으로 봐야 하므로, 이 유방복원술 비용을 실손의료비에서 지급하라는 것이었다. 그러나 2016년 1월 1일 약관부터는 실손손의료비 특약에서 유방암환자의 유방재건술(복원술)은 보상이 된다는 문구가 명시되어 보험금을 지급 받을 수 있다.

유방암은 다행인지 불행인지 자가검진이 가능하다. 그래서 병원에서도 정기적으로 자가검진을 권유한다. 예방할 수 없다면 조기에 발견하는 것이 자신을 위해, 그리고 가족을 위해 중요하다는 것을 잊지 말아야겠다.

실손의료비에서 보상하지 않는 사항

아래에 열거된 국민건강보험 비급여 대상으로 신체의 필수 기능개선 목적이 아닌 외모개선 목적의 치료로 인하여 발생한 의료비
가. 쌍커풀수술(이중검수술. 다만, 안검하수, 안검내반 등을 치료하기 위한 시력개선 목적의 이중검수술은 보상합니다), 코성형수술(융비술), 유방확대(다만, 유방암 환자의 유방재건술은 보상합니다)·축소술, 주름살 제거술 등
나. 사시교정, 안와격리증(양쪽 눈을 감싸고 있는 뼈와 뼈 사이의 거리가 넓은 증상)의 교정 등 시각계 수술로서 시력개선 목적

다. 안경, 콘텍트렌즈 등을 대체하기 위한 시력교정술(국민건강보험 요양급여대상 수술방법 또는 치료재료가 사용되지 않은 부분은 시력교정술로 봅니다)

라. 외모개선 목적의 다리 정맥류 수술

마. 그 밖에 외모개선 목적의 치료로 국민건강보험 비급여대상에 해당하는 치료

체크 포인트

유방절제술을 한 환자들에게 예상되는 우울증이나 인체 비대칭으로 인한 합병증(척추측만증, 어깨 처짐, 허리통증 등)의 예방을 위해 필요하다면, 원래 모습으로의 유방 재건은 치료를 위한 것으로 봐야 하므로, 유방복원술 비용은 실손의료비에서 지급해야 한다(금융분쟁조정위원회 조정 결정).

보험금
지급 지연과
지연 이자

별다른 건강의 이상 없이 40년을 살아온 이 씨.

어느 휴일 아침, 갑자기 허리의 통증이 시작됐고, 통증은 찜질을 수시로 해도 나아질 기미가 전혀 보이지 않았다. 보다 못한 아내의 권유로 집 근처 정형외과를 찾은 이 씨는 엑스레이 및 MRI검사 후 요추의 추간판 탈출증이라는 진단을 받는다. 의사는 우리가 흔히 알고 있는 일명 퇴행성 디스크 질환이라면서 인간의 척추체는 16세 때부터 퇴화가 서서히 진행된다고 했다.

자세가 안 좋아 어쩌다가 가끔 아픈 적은 있었지만, 파스를 붙이면 증상이 완화되었고, 병원을 찾을 정도는 아니었다. 이 씨는 움직이기 힘들 정도로 상태가 좋지 않았기 때문에 바로 시술을 권유받았고, 이후 안정치료가 필요하다는 의사의 소견에 따라 바로 입원 절차를 밟아야 했다. 일주일의 집중치료와 디스크 성형술을 통해 허리의 상태는 많이 호전되었다.

그러나 디스크는 재발을 잘 하기 때문에 항상 조심하고, 운동을 꾸준히 해야 한다는 의사의 처방도 같이 내려졌다.

퇴원 후 한 달 뒤 이 씨는 몇 달 전 실손의료비보험에 가입한 사실이 생각나 담당 설계사에게 방문을 요청했다.

진단서. 입·퇴원확인서, 병원비 영수증, 세부치료비 내역서 등을 준비하라는 설계사 말대로 서류를 준비했다. 보험금 청구를 하려는 이 씨에게 담당 설계사는 보험금은 약관에서 정의한 대로 3영업일 이내 지급될 것이라고 답했다. 설계사의 말을 굳게 믿은 이 씨. 보험금 청구를 한 지 마지막 3일째 날, 해당 보험사 심사직원이라며 걸려온 전화 한 통. 보험은 사고조사가 필요하여, 보험금 지급은 확인 후 결정하겠다는 내용이었다.

보험회사는 고객이 보험금 구비서류를 준비하여 보험금을 청구하면, 지급심사를 한다. 보험사마다 보험금지급심사를 하는 과정은 다르다.

손해보험사들은 실손의료비에 대한 청구가 많다 보니, 소액심사와 고액심사를 나누어서 처리하게 된다. 소액심사는 보통 자회사에서 처리하는 보험회사와 손해사정회사에 위탁하는 회사들로 나뉘어서 최종 보험금 지급심사를 한다.

손해보험사와는 달리 생명보험사들은 주로 고액의 심사 건들이 많고, 본사에서 주로 보험금 지급심사를 한다. 처음으로 고객들이 보내온 기초서류, 예를 들어 병원의 의료비 영수증, 진단서, 의무기록사본을 토대로 보험금 심사를 하고, 별도의 전문심사가 필요할 경우에는 법률전문가나 간호사, 의사에게 의학적 자문, 법률적 자문을 받기도 한다.

심사를 토대로 보험금을 지급할 사유가 되면 보험금 지급은 보통 3일 이내에 이루어진다. 그러나 사고의 확인이나 추가 서류요청, 조사가 필요한 건에 관해서는 보험금 지급 결정까지 시간이 다소 소요될 수가 있다.

보험약관은 보험금 지급 기일에 관해 다음과 같은 내용이 명시되어 있다.

'서류를 접수한 때에는 접수증을 드리고, 그 서류를 접수한 날로부터 3영업일 이내에 보험금 또는 해지환급금을 지급합니다. 다만, 보험금 지급사유의 조사나 확인이 필요한 때에는 접수 후 10영업일 이내에 지급합니다.'

여기서 영업일이란, 토요일, 일요일, 관공서의 공휴일에 관한 규정에 정한 공휴일 및 근로자의 날을 제외한 날을 의미한다.

'보험금 지급사유의 조사 및 확인을 위하여 지급기일 이내에 보험금을 지급하지 못할 것으로 예상하는 경우에는 그 구체적인 사유, 지급예정일 및 보험금 가지급 제도에 대하여 피보험자(보험대상자) 또는 보험수익자(보험금을 받는 자)에게 즉시 통지하여 드립니다. 다만, 지급 예정일은 몇 가지를 제외하고는 구비서류 접수한 날로부터 30영업일 이내에서 정합니다.'

제외 항목은 소송제기, 분쟁조정신청, 수사기관의 조사, 해외에서 발생한 보험사고에 대한 사고조사, 회사의 조사요청에 대한 동의 거부 등 계약자, 피보험자(보험대상자) 또는 보험수익자(보험금을 받는 자)의 책임 있는 사유로 인해 보험금 지급 사유의 조사 및 확인이 지연되는 경우이다.

만약 약속된 날에 보험금이 지급되지 않는다면 보험사는 청구한 보험금과 함께 지급기일의 다음 날부터 보험금 지급일까지의 기간에 대한 지급지연 이자라는 것을 고객에게 지급해야 한다.

다만 계약자 등의 책임 있는 사유로 보험금 지급이 지연된 때에는 그 해당 기간에 대한 이자는 지급되지 않을 수도 있다. 이자에 대한 계산 방법은 상품마다 회사마다 다를 수 있다.

정당하게 청구하여 받는 보험금인데도 혹시라도 그에 대한 정당한 사유 없이 보험금 지급이 지연됐다면, 그에 대한 권리도 고객 스스로 챙겨야 한다.

체크 포인트 ✓

보험사는 심사를 토대로 보험금을 지급할 사유가 되면 보험금을 보통 3일 이내에 지급해야 하며, 사고의 확인이나 추가 서류요청, 조사가 필요한 거에 관해서는 지급 결정 사유를 고객에게 통지해야 한다.

대학생 때
보험가입과
군 입대

여름이 막 시작될 무렵, 논산의 한 훈련소 연병장에는 까까머리를 한 20대의 젊은 남자들과 그의 친구들, 가족들로 가득했다. 묵직하고 애잔한 감정들이 흐르는 한가운데, 2년 후에 더 멋진 모습으로 만나길 바란다는, 건강히 잘 훈련받고 듬직하게 돌아오라는 목소리들이 초여름 따갑고 눈 부신 햇살 속으로 흩어진다.

중년의 한 여인은 흐르는 눈물은 애써 훔치며, 자신보다 훌쩍 커버린 막내아들의 품으로 들어가 짧은 포옹으로 마지막 인사를 한다. 한쪽에선 남자친구를 보내며 짧지 않은 시간을 기다리겠다며 다부진 약속을 하는 앳된 커플의 모습도 보인다. 입대자들이 다 들어간 후, 그들이 모인 강당에서 '어머니'라고 소리치는 우렁찬 함성은, 차마 바로 가지 못하고 운동장에 서 있던 어머니들의 가슴을 다시 흔들어 놓는다.

대학교에 들어가자마자 1년 후 입대를 하게 된 김 씨.

열심히 군 생활을 하던 중, 축구를 하다가 발목을 접질리면서 발목

골절과 더불어 족관절 인대 파열로 장기간 병원생활을 하게 되었다.

사고는 생각보다 심각했다. 김 씨는 서울의 대학병원으로 후송되어 수술을 했고, 재활·물리치료까지 받았다. 군 병원은 국가가 지원을 해주므로 의료비를 따로 지불하지는 않는다. 그러나 그 외 타 병원에서의 치료비는 본인 부담이다. 수술과 재활치료 등 통원치료비까지 보태면 지불한 의료비가 만만치 않아 걱정되었던 김 씨. 어머니의 친한 친구인 설계사의 권유로 대학교 입학과 동시에 가입한 손해보험사의 보장성 보험이 생각났다.

장기간의 치료가 모두 끝나고 의료비 영수증을 모아 보험사에 보험금 청구를 하고자 담당 설계사를 만났다. 상해입원 일당과 상해의료비, 골절진단비 및 수술비 등을 지급받을 수 있으리라 생각한 김 씨는 빠른 처리를 부탁했다.

청구한 서류를 확인한 담당 설계사는 바로 김 씨에게 연락을 취했다. 수년간 고객의 보험금 심사과정을 경험한 결과, ▲고객의 직업이 대학생에서 군인으로 바뀌었고 ▲군 생활 중 상해사고를 입은 것으로 ▲직업 변경에 대해 통지하지 않았기에 청구한 보험금은 직업급수 대비하여 삭감될 것이 뻔했기 때문이다.

과연 설계사의 생각대로 청구한 보험금은 삭감되는 것이 맞는 것일까?

보험에 가입할 때, 필수로 고지해야 할 사항 중 하나가 바로 직업이다. 직업의 위험도에 따라 보험가입금액의 한도가 제한될 수 있고, 보험료, 담보가 달라지기 때문이다.

일반적으로 상해사고의 위험이 작은 사무직의 경우에는 이러한 제한

이 따르지 않으나, 건설현장에서 일하는 근로자나 택시운전기사 등은 사무직에 비해 상해 사고의 발생 위험이 크기에 이러한 제한이 따른다.

예를 들어 A라는 고객집단은 사무직이다. B라는 고객집단은 생산직이다. 같은 상해보험에 가입한다고 했을 때 두 집단이 같은 보험료를 내고 동일한 보장을 받는다면 형평성에 맞지 않다. 사고의 위험에서 B라는 집단이 훨씬 더 높을 것이기 때문이다. 이것은 비단 보험가입 시에만 알려야 하는 것이 아니다. 보험에 가입한 후에도 직업의 위험도가 현저하게 변경이 된 때에는 보험회사에 알려야 한다.

이것을 '계약 후 알릴 의무' 상법상 통지의무라 부른다. 통지를 받은 보험회사는 1개월 이내에, 직업의 요율을 따져 보험료를 높인다거나 인수할 위험이 아니라면, 즉 위험도가 크다면, 해지까지 진행할 수가 있다.

만약에 이러한 통지의무를 불이행했다면 여러 가지 불이익이 따른다. 사무직으로 가입 후 그에 대한 보험료를 내다가 가입 후 생산직으로 업무가 변경되었고, 통지하지 않았다고 하자. 그리고 업무 중 사고로 보험금을 청구했다면, 사무직에 대한 직업 요율과 생산직에 대한 직업 요율을 기초로 비례보상을 한다. 즉 보험금을 삭감하여 지급한다는 말이다.

다만 이러한 통지의무에 대한 적용은 상해 관련 담보에 해당이 되며, 불이행을 했다고 해 모든 경우에 보험금이 삭감되지는 않는다. 만약 직업과 관련이 없는 일상생활 중 사고나 질병에는 보험금이 삭감되지 않는다.

그렇다면 앞 사례의 청구한 보험금은 삭감하여 지급하는 것이 맞는 것일까?

대한민국에 태어난 남자들의 첫 번째 의무, 병역의무다. 스스로 선택해서 가는 것이 아니고 대한민국에 태어난 남자들은 누구나 거쳐야 할 국방의 의무다. 따라서 병역의무 이행을 위한 군 복무는 사회 통념상 '직업 또는 직무'의 변경이라고 보기 어려우며, 직업 및 직무의 변경이 사고 발생에 영향을 미치지 않았다면 통지 의무 위반을 적용할 수 없다(금융감독원 조정 사례 2001-33).

그러므로 김 씨가 청구한 보험금은 대학생(비위험직)에 대한 직업급수를 적용하여 보험금이 지급되는 것이 타당하다. 단 직업군인은 고객의 선택에 의한 직업변경으로 이와는 다르게 해석된다.

체크 포인트 ✓

보험가입 중 직업의 위험도가 다른 직업으로 바뀌더라도 직업과 관련이 없는 일상생활 중 사고나 질병에는 보험금이 삭감되지 않는다.

직업 변경,
꼭
알려야 하나요?

보험계약을 하게 되면 계약 당사자인 보험사-계약자·피보험자가 반드시 지켜야 할 의무가 있다. 계약 전에는 상법상 고지의무, 약관상 계약 전 알릴 의무가 그것이다. 계약 전 병력과 기타 내용에 대해 상세히 고지하는 정보를 바탕으로 보험사는 언더라이팅(계약인수 심사)을 통해 해당 보험계약의 승낙을 결정한다. 보험사는 계약자나 피보험자의 정보를 사전 조사할 수 없는 정보의 비대칭적인 면이 있기에 계약자, 피보험자가 작성한 질문사항표의 고지를 토대로 심사를 한다. 그래서 계약 전 알릴 의무에 대해선 정확한 고지를 권유한다. 이를 위반하면 계약 후 보험금을 지급받지 못한다거나, 일부만 받는 등 보험금 지급에서 불이익을 받기 때문이다. 그럼에도 많은 소비자와 설계사들이 이 계약 후 알릴 의무, 상법상 통지의무를 간과하고 있다.

대표적으로, 계약 후 직업이 위험 직업으로 변경된다거나, 주소를 변경한다거나 하는 부분이 있다면 반드시 보험회사에 알려야 한다. 그로 인해 직업의 급수가 달라진다거나 담보의 삭제, 한도의 축소 등이 있을 수 있다.

즉, 처음 계약 당시의 내용대로 계약을 유지하는 것이 아니라, 계약 내용의 변경이 있을 수 있다는 것이다. 이때는 설사 설계사가 알았다는 것만으로는 인정되지 않는다. 반드시 계약의 변경 배서가 이뤄져 있어야 한다.

택시 운전 중 교통사고로 남편의 사망 보험금을 청구한 임 씨.

남편은 한집안의 가장으로 중견기업의 임원을 지내다가 회사가 어려워지면서 명예퇴직을 했다. 50대 초반, 아직 젊은 나이였지만, 다른 일을 구하기란 생각처럼 쉽지가 않았다. 그러던 중 아는 사람의 권유로 택시운전기사로 2번째 인생을 시작했다. 한창 길을 익히고 이제 제법 일에 익숙해질 때쯤이었다.

그날도 조심해서 다녀오라는 말을 건네고, 남편은 손을 흔들며 인사를 하고 현관문을 나섰다. 그렇게 나선지 불과 6시간 만에 남편은 망인으로 돌아왔다.

사고를 수습하고, 남편을 보내고 그제야 잊고 있던 보험이 생각났다. 보험가입은 기업체 임원으로 있을 때, 회사로 개척영업을 나온 설계사의 권유에 못 이겨 작은 보험 하나 들어두자는 마음으로 계약해 두었던 것이다.

보험금 청구 후 임 씨는 보험사로부터 안내전화를 받았다.

상해로 인한 사망사고는 경찰서 및 서류 검토 결과 명백했고, 택시운전기사(영업용)는 해당 보험사 약관상 3급으로, 직업급수요율을 적용하여 보험금이 삭감 지급됨을 안내하는 전화였다. 아내 임 씨는 이와 같은 내용에 대해 납득할 수 없었다. 해당 설계사로부터 직업급수가 바뀌면 추후에 비례 삭감되어 보상될 수도 있다는 설명을 듣지 못하였고, 설계사가 계약유지 기간 중 배우자의 직업이 택시운전기사로 바뀐 것을 알고 있었으므로 보험회사에서도 직업 변경을 이미 알고 있었다고 생각했기 때문이다.

위와 같은 업무 중 사고의 첫 번째 주요사항은 직업 확인이다.

남편의 보험계약 당시 직업은 기업체 임원이었었으나, 사고 당시 직업은 운전기사였다. 또한 택시 운전 중 사망사고였다. 경찰서, 소방서 서류를 총 검토한 결과 운전 중 사고가 명백했다. 이와 같은 내용의 분쟁에 법원도 '설계사가 설명 의무를 다하지 아니하여 직업이 바뀌면 보험사에 알려야 하는 내용에 대해서 알지 못했다는 점에 대해, 직업급수가 변경되고 비례 삭감되는 내용은 거래상 공통적이고 일반적이어서 설계사가 부연하는 정도의 설명은 필요치 않다. 또 설계사가 알았다는 것만으로는 보험사가 알았다고 볼 수 없다'고 판결하고 있다.

설계사가 행사할 수 없는 3대 권한을 확인해보자.

설계사는 계약체결권, 보험료 영수권(초회 보험료에 한해서 인정한 판례는 있다), 고지의무 수령권(통지의무 수령권)이 없다. 이를 보더라도 계약자의 직업 변경을 설계사가 알았다고 해서 계약 후 알릴 의무가 이뤄졌다고 할 수 없다. 즉, 보험회사가 알도록 직업 변경 배서 신청이 있었어야 했다.

보험사는 직업 변경 신청이 들어오면, 해당 직업의 위험 급수를 심사한다. 이를 통해, 회사에서 인수할 수 있는 위험 직군이라면 급수변경을 하거나 또는 한도를 조정한다든지 변경을 한다. 만약 받아들 수 없는 위험한 직군이라면 계약을 해지할 수도 있다.

우연한 사고에 대비하여 도움을 받고자 가입한 보험이다. 적재 적시에 알맞게 보상을 받으려면, 상품 설명서에 적힌 기본적인 사실 하나도 간과해서는 안 된다. 이런 케이스는 흔히 일어날 수 있는 일이니만큼 확실하게 알아두는 것이 계약하고 보상을 받는 데 손해가 없다는 것을 명심하자.

보험 따라잡기 11. 상해보험 계약 후 알릴 의무

보험계약자 또는 피보험자가 보험계약 체결 후 위험이 증가된 사실이 있다면 이는 보험회사에 통지하여야 하는 법률상 의무이다. 상법 제652조와 제653조에서는 보험기간 중에 보험계약자나 피보험자가 사고발생의 위험이 현저하게 변경 또는 증가된 경우 지체 없이 보험회사에 통지하도록 정하고 있고, 통지를 받은 보험회사는 1월 내에 보험료의 증액을 청구하거나 보험계약을 해지할 수 있도록 정하고 있다. 현행 손해보험표준약관에서는 보험계약자 또는 피보험자가 직업 또는 직무를 변경하는 등 위험의 변경사항 발생 시 보험회사에 통지하도록 하고 있고, 해당 변경 내용에 따라 보험료가 증액 또는 감액될 수 있도록 정하고 있다. 또한 동 의무를 이행하지 않을 경우 보험회사는 변경 전 보험요율의 변경 후 보험요율에 대한 비율에 띠라 보험금을 삭감하여 지급할 수 있다. 이는 계약 전 알릴 의무(고지의무)와는 달리 보험계약 안에서 인정되는 의무이다. (금융감독용어사전)

보험모집인은 특정 보험자를 위하여 보험계약의 체결을 중개하는 자일 뿐 보험자를 대리하여 보험계약을 체결할 권한이 없고 보험계약자 또는 피보험자가 보험자에 대하여 하는 고지나 통지를 수령할 권한도 없으므로, 보험모집인이 통지의무의 대상인 '보험사고발생의 위험이 현저하게 변경 또는 증가된 사실'을 알았나고 하더라도 이로써 곧 보험회사가 이와 같은 사실을 알았다고 할 수는 없다.

제대로 된
보험도 없이
고혈압약 자가 중단의 비극

해마다 10월 즈음이면, 머릿속에 떠오르는 한 분이 있다. 나이도, 모습도 꼭 내 어머니 같은 인상이었던 분이다.

딱 2년 전 10월, 아침저녁으로 날씨가 쌀쌀해지기 시작했을 때였다. 실사를 위해 위임된 건을 살펴보고 있었다. 50대 중반의 여성으로 진단명은 뇌출혈이었다. 그런데 사고경위가 안타까움을 자아냈다. 어느 작은 도로 상가 앞에 쓰러져 지나가던 행인에 의해 발견돼 119를 통해 응급실로 후송된 건이었다.

응급 처치 후 내려진 진단은 뇌출혈이었다. 응급실에 도착해 가장 먼저 천두술을 시행 받았다. 그러나 이미 일정 시간이 흐르고 난 후 발견됐다는 점이 문제가 됐다. 분초를 다툰다는 뇌 관련 질환 중 하나인 뇌출혈이다. 각종 응급처치를 했음에도 불구하고 후유증이 심하게 남았다.

피보험자의 딸과 통화 후 몇 달째 징기 입원 중이라는 병원으로 내원했다.

2차 병원급의 이 병원은 현관에 들어서자마자 장기간 수발이 필요한 환자들이 입원한 병동임을 실감케 했다. 환자들의 대부분이 휠체어를 타고 있었다. 마치 요양병원을 연상시키는 분위기는 여러 가지 복잡하고 우울한 생각을 하게 만들었다.

병실에서 나를 맞이한 건 25세의 딸이었다. 피보험자는 마비가 심해서 누워 있었고, 대화가 안 될 정도로 발음장애가 심했다. 무엇보다 뇌출혈로 인한 치매 증상이 지속되어 대화를 온전히 이끌어내기가 어려웠다.

딸은 사고경위 확인을 위해 하는 질문에 답변하다 말고 조금씩 눈물을 보이기 시작했다.

사고 조사라는 게 그렇다. 사실 확인이 제일 중요하고 이를 위해 정확한 답변을 받는 것이 조사자의 중요한 임무 중 하나다. 그러나 어느 위치, 어떤 관계로 만났건 사람 사이의 말에 팩트만 오가는 것이 전부는 아니다.

큰딸이 5세 되던 무렵, 남편은 갑작스러운 교통사고로 세상을 떠났고, 이후 피보험자는 행상부터 파출부까지 이것저것 안 해본 일 없이 그렇게 아들과 딸을 키워냈다. 남매 모두 큰 탈 없이 잘 자라주었다. 딸은 대학을 졸업하기도 전에 남들이 다 알아주는 대기업에 합격하기도 했다. 딸은 이제부턴 고생하신 어머니를 잠시나마 쉬게 해드릴 수 있다고 기뻐했단다. 힘들었지만 동시에 여러 아르바이트를 해 휴학을 반복하던 남동생의 학비도 해결할 수 있었고 이것마저 하늘이 주신 선물이라고 생각했다. 앞으로는 좋은 일만 있을 거라고 희망을 품었다. 좋은 일 뒤에는 항상 안 좋은 일이 같이 온다(好事多魔)고 했던가? 그로부터 정확히 일주일 뒤, 피보험자인 어머니가 쓰러졌다.

2년 전부터 두통을 자주 호소하던 피보험자는 동네 병원에서 고혈압과 고지혈증 진단을 받고, 약을 복용하고 있었다. 한 달에 한 번 길게는 3개월에 한 번씩 가서 약을 처방받아 왔다. 남매는 어머니가 처방받은 약을 잘 복용하고 있는 줄 알았다.

그러나 달랐다. 몇 달 약을 복용하면서 혈압이 정상으로 나오자 피보험자는 약을 중단했다. 자가 중단이었다. 고혈압약을 계속 먹으면 내성이 생겨서 더 강한 약을 먹어야 한다는 근거 없는 헛소문을 믿었던 것이다. 그렇게 불안한 시간이 흘렀고, 어느 순간 갑자기 혈압이 오르면서 뇌출혈이 발생한 것이다. 매우 위험한 일임에도 고혈압 환자들이 쉽게 생각해 가장 많이 부딪히는 문제 중 하나가 자가 중단이다. 괜찮을 거라는 안일한 확신 하나가 이렇게 인생을 바꿔버린 것이다.

피보험자는 없는 형편에 보험가입 자체가 사치라 생각해 제대로 들어놓은 보험도 없었다. 그나마 다행으로 아는 설계사의 끈질긴 노력 덕에 다행히 보험 하나는 최소금액으로 가입해 놓았다. 뇌출혈 진단비 500만 원, 입원 일당 2만 원. 응급치료 비용은 어찌 해결했으나, 장기간 병원에 입원해있는 비용을 감당하기에는 턱없이 부족했다. 더군다나 뇌출혈은 비급여 치료도 많았기에 정부에서 제공하는 중증 질환자들을 대상으로 급여 일부(현재 급여의 95% 감면)를 감면해주는 복지정책만으로는 턱없이 부족했다. 딸은 여기저기 병원비 마련을 위해 힘을 쏟고 있었고, 남동생은 다시 아르바이트를 하며 휴학을 했다. 급작스런 위험에 대비하여 최소의 보험을 담보로 해둔 것은 참으로 잘한 일이다. 그러나 최소한의 비용으로는 해결할 수 없는 부분들이 참 많다.

갈수록 질병은 늘어나고 있다. 그럼에도 의학기술의 발전으로 평균 수명은 길어지고 있다. 즉, 장기간 치료를 받아야 하는 상태, 장기 간병 상태 또는 이 사례처럼 가장의 부재 및 이에 따른 경제난의 위험이 점차 늘어나고 있는 것이 오늘날의 현실이다. 가족 중 누군가의 장기 간병 상태는 간병하는 가족의 아픔으로 번지고 결국 이들이 모든 것을 떠안아야 한다는 경제적, 심리적 문제들이 발생한다. 나는 여러 사례를 수없이 보고 또 봤다. 이런 상황을 수도 없이 접하면서 나는 감히 저축보다 중요한 것이 보험이라고 말하고 싶다. 최소한의 안전장치를 마련하라고 권하고 싶다. 비바람이 불어 닥치는 상황에서 가림막이 되어줄 것이 없다면, 집안의 모든 것이 다 속수무책으로 날아갈 것이다.

> **체크 포인트** ✓
>
> 수많은 보험사고 사례를 보고 또 보며 드는 생각, '저축보다 더 중요한 보험.'보험은 최소한의 안전장치로 이도 없다면 어느 순간 모든 것이 속수무책으로 날아가고 만다.

부록

보험계약·사고접수 보험 용어

부록 1.
보험계약
필수 요소

1) 보험계약 체결 시 확인서류

청약서는 계약의 청약의사를 기재하는 문서로 자필 서명을 해야 하며, 보험회사는 이를 토대로 보험의 승낙 여부를 결정합니다. 보험회사는 보험계약을 체결할 때 보험계약자에게 보험약관과 보험 안내자료 등을 제공해야 하며, 보험증권을 발급해야 합니다.

① 보험계약 청약서

청약서는 계약의 청약의사를 기재하는 문서를 말합니다(법령용어사례집).

보험회사는 보험계약자 또는 피보험자(보험대상자)가 보험계약 청약서에 기재하여 보험회사에 알린 사항과 관계 보험설계사의 보고서 등을 판단하여 보험의 승낙 여부를 결정합니다[보험업감독업무

시행세칙」(금융감독원 2014. 2. 19. 발령, 2014. 4. 1. 시행) 별표
14. 생명보험 표준사업방법서 제5조 제1항 및 손해보험 표준사업
방법서 제9조 제1항].

② 청약서의 필수 기재사항

청약서에는 보험모집을 한 당사자의 소속, 성명, 연락처와 다음의
사항이 기재되어야 합니다[「보험업감독규정」(금융위원회 고시 제
2014-21호, 2014. 7. 15. 발령·시행) 제7-45조 제5항 및 「보험업
감독업무시행세칙」 별표 14. 생명보험 표준사업방법서 제11조 제1
항 제2호].

- 제1회 보험료 영수증
- 청약철회 청구안내 및 청약철회 신청서
- 계약 전 알릴 의무 사항
- 표준약관의 주요 내용
- 위험직종분류표 및 위험직종별 보험가입한도

③ 자필 서명

청약서에는 보험계약자 또는 피보험자(보험대상자)가 자필 서명을
해야 합니다. 다만, 단체가 규약에 따라 구성원의 전부 또는 일부
를 피보험자(보험대상자)로 하는 계약을 체결하는 경우에는 이를

적용하지 않을 수 있습니다(「보험업감독업무시행세칙」 별표 14. 생명보험 표준사업방법서 제5조제2항).

2) 보험약관의 발급 및 중요한 내용의 설명

① 약관의 의의 및 효력

약관이란 그 명칭이나 형태 또는 범위를 불문하고 계약의 일방당사자가 다수의 상대방과 계약을 체결하기 위해 일정한 형식으로 미리 마련한 계약의 내용이 되는 것을 말합니다(법령용어사례집).

※ 당사자 사이에서 보험약관을 기초로 하여 보험계약이 체결된 때에는 특별한 사정이 없는 한 그 보험약관은 계약 내용에 포함시키기로 합의된 것으로서 계약당사자에 대하여 구속력을 가집니다(대법원 1996. 10. 11. 선고 96다19307 판결).

② 약관의 발급 및 중요한 내용의 설명

보험회사는 보험계약을 체결할 때 보험계약자에게 보험약관을 발급하고 그 약관의 중요한 내용을 알려주어야 합니다(「상법」 제638조의3제1항).

③ 보험약관의 필수 기재사항

약관을 작성함에 있어 다음 각 호의 사항을 기재해야 합니다(「보험업감독규정」 제7-59조).

- 보험회사가 보험금을 지급해야 할 사유
- 보험계약의 무효사유
- 보험회사의 면책사유
- 보험회사 의무의 범위 및 그 의무이행의 시기
- 보험계약자 또는 피보험자가 그 의무를 이행하지 아니한 경우에 받는 손실
- 보험계약의 전부 또는 일부의 해지 원인과 해지한 경우 당사자의 권리와 의무
- 보험계약자, 피보험자 또는 보험금액을 취득할 자가 이익 또는 잉여금의 배당을 받을 권리가 있는 경우에는 그 범위
- 적용이율 또는 자산운용 실적에 따라 보험금 등이 변동되는 경우 그 이율 및 실적의 계산 및 공시 방법 등
  예금자보호 등 보험계약자 권익보호에 관한 사항

④ 약관의 기재를 통한 권리 변경

보험계약자와 보험회사는 당사자 간의 특약으로 보험계약자 또는 피보험자나 보험수익자에 불이익하게 법률을 변경하여 적용하지

못합니다. 그러나 재보험 및 해상보험, 그 밖의 이와 유사한 보험의 경우에는 그렇지 않습니다(「상법」 제663조).

⑤ 위반의 효과

보험회사가 약관의 발급 및 중요한 내용의 설명의무를 위반한 경우 보험계약자는 보험계약이 성립된 날부터 1개월 내에 그 계약을 취소할 수 있습니다(「상법」 제638조의3제2항).

※ 보험계약의 체결 시 보험회사는 보험계약자에게 보험상품의 내용, 보험료율의 체계, 보험청약서상 기재 내용의 변동 및 보험회사의 면책사유 등 보험계약의 중요한 내용을 구체적이고 상세하게 명시하고 설명해야 합니다. 만약 이러한 보험약관의 명시·설명의무를 위반한 경우에는 그 약관의 내용을 보험계약의 내용으로 주장할 수 없습니다(대법원 1999. 3. 9. 선고 98다43342 판결).

※ 명시·설명의무가 인정되는 것은 어디까지나 보험계약자가 알지 못하는 가운데 약관의 중요한 사항이 계약 내용으로 되어 보험계약자가 예측하지 못한 불이익을 받게 되는 것을 피하고자 하는데 그 근거가 있으므로, 약관에 정해진 사항이라고 하더라도 거래상 일반적이고 공통된 깃이어서 보험계약자가 별도의 설명 없이도 충분히 예상할 수 있었던 사항이거나 이미 법령에 의하여 정해진 것을 되풀이하거나 부연하는 정도에 불과한 사항이

라면, 그러한 사항까지 보험회사에 명시·설명의무가 있다고는 할 수 없습니다(대법원 2004. 4. 27. 선고 2003다7302 판결).

다음 중 어느 하나에 해당하는 경우 생명보험 및 질병·상해보험 표준약관은 보험계약자 또는 피보험자가 청약일부터 3개월 내에 계약을 취소할 수 있다고 규정하고 있고, 화재보험, 자동차보험, 배상책임보험 표준약관은 1개월 내에 계약을 취소할 수 있다고 규정하고 있습니다(「보험업감독업무시행세칙」 별표 15. 생명보험 표준약관 제18조제2항, 질병·상해보험 표준약관 제20조제2항, 화재보험 표준약관 제2조제2항, 자동차보험 표준약관 제39조제4항 본문 및 배상책임보험 제2조제2항).

- 약관 및 청약서 부본을 계약자에게 전달하지 않은 경우
- 약관의 중요한 내용을 설명하지 않은 경우
- 청약서에 자필 서명을 받지 않은 경우

위의 사유로 취소하는 경우 보험회사는 보험계약자 또는 피보험자에게 이미 납입한 보험료와 보험료를 받은 기간에 보험계약 대출 이율(생명보험 표준약관, 질병·상해보험 표준약관) 또는 정기예금이율을 연 단위 복리로 계산한 금액을 더하여 지급해야 합니다(「보험업감독업무시행세칙」별표 15. 생명보험 표준약관 제18조제4항 , 질병·상해보험 표준약관 제20조제4항, 화재보험 표준약관 제2조제3항, 자동차보험 표준약관 제39조제5항 및 배상책임보험 제2조제3항).

3) 보험 안내자료 등

① 제공받아야 할 보험 안내자료

보험회사 또는 모집종사자는 보험계약자에게 보험모집 단계별로 보험약관 및 보험안내자료 등을 제공해야 합니다(「보험업감독규정」 제7-45조제2항).

② 보험상품설명서의 기재사항

보험상품설명서에는 보험모집을 한 당사자의 소속, 성명, 연락처 등이 기재되어 있어야 합니다(「보험업감독규정」 제7-45조제5항).

③ 변액보험 운용설명서

보험계약자가 청약한 보험이 변액보험일 경우 보험회사는 보험계약 체결 권유단계에서 보험계약자에게 변액보험 운용설명서를 제공하고 중요한 내용을 설명해야 합니다(「보험업감독규정」 제7-45조제2항제1호 다목).

변액보험 운용설명서에는 다음의 사항이 기재되어야 합니다(「보험업감독업무시행세칙」 제5-11조제1항세4호).

- 변액보험(퇴직연금실적배당보험 포함) 가입 시 유의사항
- 변액보험(퇴직연금실적배당보험 포함)의 개요 및 상품구조

- 변액보험(퇴직연금실적배당보험 포함) 특별계정별 자산의 운용 및 평가
- 변액보험(퇴직연금실적배당보험 포함) 특별계정 운용에 대한 보수 및 수수료
- 최근 3년간의 변액보험(퇴직연금실적배당보험 포함) 특별계정운용실적

4) 보험증권

① 보험증권의 발급

보험회사는 보험계약이 성립한 경우 즉시 보험증권을 작성하여 보험계약자에게 발급해야 합니다. 그러나 보험계약자가 보험료의 전부 또는 최초의 보험료를 지급하지 않은 경우에는 그렇지 않을 수 있습니다(「상법」 제640조제1항 전단).

※ 보험회사는 보험계약이 성립하면 보험계약자가 보험료를 납부하지 않는 등의 특별한 사정이 없는 한 즉시 그 계약의 성립과 내용을 증명하는 보험증권을 작성하여 보험계약자에게 발급해야 한 의무가 있으므로, 그 보험증권이 보험계약자의 의사에 반해 보험계약자에게 담보를 제공한 제3자에게 발급되었다면 이러한 의무가 이행되었다고 볼 수 없습니다(대법원 1999. 2. 9. 선고

98다49104 판결).

※ 일반적으로 보험계약은 당사자 사이의 의사 합치에 의해 성립되는 낙성계약으로서 별도의 서면을 요하지 않으므로 보험계약을 체결할 때 작성·교부되는 보험증권은 하나의 증거증권에 불과한 것이어서 보험계약의 성립 여부라든가 보험계약의 내용 등은 그 증거증권만이 아니라 계약 체결의 전후 경위 등을 종합하여 인정할 수 있습니다(대법원 2004. 4. 27. 선고 2003다7302 판결). 기존의 보험계약을 연장하거나 변경한 경우 보험회사는 그 보험증권에 그러한 사실을 기재함으로써 보험증권의 교부에 갈음할 수 있습니다(「상법」 제640조제2항).

② 보험증권의 내용에 관한 이의제기

보험계약자 또는 피보험자는 보험증권을 발급받은 날부터 1개월 이상의 기간을 정하여 증권내용의 정부(正否)에 관한 이의를 보험회사에 제기할 수 있음을 약정할 수 있습니다(「상법」 제641조).

③ 보험증권의 기재사항

보험증권에는 보험모집을 한 당사자의 소속, 성명, 연락처와 다음의 사항이 기재되어야 합니다(「보험업감독규정」 제7-45조제5항 및 「보험업감독업무시행세칙」 별표 14. 표준사업방법서 제11조제1항제1호).

- 증권번호, 보험 종목의 명칭
- 보험기간, 보험계약일, 계약만기일, 보험납입주기, 보험료 납입 기간
- 피보험자, 보험계약자 및 보험수익자의 성명 및 생년월일
- 보험료, 보장내용

부록 2.
사고접수
절차와 서류

1) 인보험사고 접수 시 제출서류

보험수익자(보험금을 받는 사람) 또는 계약자는 다음의 서류를 제출하고 보험금을 청구해야 합니다[「보험업감독업무시행세칙」(금융감독원 2014. 2. 19. 발령, 2014. 4. 1. 시행) 별표 15. 생명보험 표준약관 제7조제1항].

→ 청구서(각 보험회사 양식)
→ 사고증명서(사망진단서, 장해진단서, 입원치료확인서 등)
   사고증명서는 국내의 병원이나 의원 또는 이와 동등하다고 인정되는 국외의 의료관련법에서 정한 의료기관에서 발급한 것이어야 합니다(「보험업감독업무시행세칙」 별표 15. 생명보험 표준약관 제7조제2항).

→ 신분증(주민등록증 또는 운전면허증 등 사진이 부착된 정부기
관발행 신분증, 본인이 아닌 경우에는 본인의 인감증명서 포함)

→ 그 밖에 보험수익자가 보험금 등의 수령에 필요하여 제출하는
서류

2) 손해보험사고 접수 시 구비서류

질병·상해보험의 표준약관상 보험사고 접수 시 제출서류는 인보험
사고 접수 시 제출서류와 동일합니다(「보험업감독업무시행세칙」 별
표 15. 질병·상해보험 표준약관 제7조제1항).

① 손해보험 중 화재보험 보험사고 접수 시 제출서류(「보험업감독업무시행세칙」 별표 15. 화재보험 표준약관 제24조제1항)

→ 청구서 (각 보험회사의 양식)

→ 신분증(주민등록증 또는 운전면허증 등 사진이 부착된 정부기
관발행 신분증, 본인이 아닌 경우에는 본인의 인감증명서 포함)

→ 회사가 요구하는 그 밖의 서류

② **자동차보험 대인, 대물배상 보험사고 접수 시 제출서류(「보험업감독업무시행세칙」 별표 15. 자동차보험 표준약관 제27조).**

→ 청구서 (각 보험회사의 양식)

→ 손해액을 증명하는 서류(진단서 등)

→ 손해배상의 이행 사실을 증명하는 서류

→ 그 밖에 보험회사가 꼭 필요하여 요청하는 서류 또는 증거(수리 개시 전 자동차점검·정비견적서, 사진 등. 이 경우 수리 개시 전 자동차점검·정비견적서의 발급 등에 관한 사항은 보험회사에 구두 또는 서면으로 위임할 수 있으며, 보험회사는 수리 개시 전 자동차점검·정비견적서를 발급한 자동차 정비업자에게 이에 대한 검토의견서를 수리 개시 전에 회신하게 됩니다.)

③ **자동차보험 자기차량손해배상 보험사고 접수 시 제출서류(「보험업감독업무시행세칙」 별표 15. 자동차보험 표준약관 제27조)**

→ 청구서 (각 보험회사의 양식)

→ 손해액을 증명하는 서류(진단서 등)

→ 사고발생의 때와 장소 및 사고 사실이 신고된 관할 경찰서 서류

→ 도난 및 전손사고 시 폐차증명서 또는 말소사실증명서

→ 그 밖에 보험회사가 꼭 필요하여 요청하는 서류 또는 증거(수리 개시 전 자동차점검·정비견적서, 사진 등. 이 경우 수리 개시 전 자동차점검·정비견적서의 발급 등에 관한 사항은 보험회사

에 구두 또는 서면으로 위임할 수 있으며, 보험회사는 수리 개시 전 자동차점검·정비견적서를 발급한 자동차 정비업자에게 이에 대한 검토의견서를 수리 개시 전에 회신하게 됩니다.)

④ 자동차보험 자기신체사고배상 보험사고 접수 시 제출서류(「보험업감독업무시행세칙」 별표 15. 자동차보험 표준약관 제27조)

→ 청구서 (각 보험회사의 양식)

→ 손해액을 증명하는 서류(진단서 등)

→ 그 밖에 보험회사가 꼭 필요하여 요청하는 서류 또는 증거(수리 개시 전 자동차점검·정비견적서, 사진 등. 이 경우 수리 개시 전 자동차점검·정비견적서의 발급 등에 관한 사항은 보험회사에 구두 또는 서면으로 위임할 수 있으며, 보험회사는 수리 개시 전 자동차점검·정비견적서를 발급한 자동차 정비업자에게 이에 대한 검토의견서를 수리 개시 전에 회신하게 됩니다.)

⑤ 자동차보험 무보험 자동차에 의한 상해배상 보험사고 접수 시 제출서류(「보험업감독업무시행세칙」 별표 15. 자동차보험 표준약관 제27조)

→ 청구서 (각 보험회사의 양식)

→ 손해액을 증명하는 서류(진단서 등)

→ 사고발생의 때와 장소 및 사고 사실이 신고된 관할 경찰서 서류

→ 배상의무자의 주소, 성명 또는 명칭, 차량번호

→ 배상의무자의 손해를 보상할 대인배상Ⅱ 또는 공제계약의 유무 및 내용

→ 피보험자가 입은 손해를 보상할 대인배상Ⅱ 또는 공제계약, 배상의무자 또는 제삼자로부터 이미 지급받은 손해배상금이 있을 때에는 그 금액

→ 그 밖에 보험회사가 꼭 필요하여 요청하는 서류 또는 증거(수리 개시 전 자동차점검·정비견적서, 사진 등. 이 경우 수리 개시 전 자동차점검·정비견적서의 발급 등에 관한 사항은 보험회사에 구두 또는 서면으로 위임할 수 있으며, 보험회사는 수리 개시 전 자동차점검·정비견적서를 발급한 자동차 정비업자에게 이에 대한 검토의견서를 수리 개시 전에 회신하게 됩니다)

⑥ 배상책임보험 보험사고 접수 시 제출서류(「보험업감독업무시행세칙」 별표 15. 배상책임보험 표준약관 제25조제1항)

→ 청구서 (각 보험회사의 양식)

→ 신분증(주민등록증 또는 운전면허증 등 사진이 부착된 정부기관발행 신분증, 본인이 아닌 경우에는 본인의 인감증명서 포함)

→ 손해배상금 및 그 밖의 비용을 지급하였음을 증명하는 서류

→ 회사가 요구하는 그 밖의 서류

※ 보험의 종류에 따라 보험사고 접수 시 추가로 필요한 서류가 있는 경우가 있습니다. 이에 관한 자세한 사항은 보험가입 시 전달받은 약관이나 보험증권에 구체적으로 기재되어 있으므로 참고하시기 바랍니다.

출처: 찾기 쉬운 법률 정보

부록 3.
보험용어
해설

○ **보험자**: 보험회사

○ **보험계약자**: 보험회사와 계약을 체결하는 사람. 보험료를 납입하며 보험 계약의 모든 권한을 가지는 사람이다. 유지·변경·해지의 권한이 있다.

○ **피보험자**: 보험의 혜택을 받는 당사자. 보험대상자라고도 한다. 그래서 보험회사는 계약 시 피보험자의 건강상태나 흡연, 음주, 키 몸무게 등의 신체상태를 중요하게 생각한다. 피보험자의 상태에 따라 계약의 인수 여부를 결정하기 때문이다. 위와 같은 상태를 청약 전 알릴 질문사항표에 상세하게 기재하는 의무를 부여한다.

○ **수익자**: 보험금을 받는 사람. 보통은 질병이나 상해시 받는 보험금은 계약자 본인이 수익자가 되지만, 사망보험금은 법정상속인이 수익자가 된다. 그러나 계약자가 특정인을 미리 지정할 수도 있다.

○ 제1회 보험료: 보험계약의 성립에 따라 계약자가 처음 내는 보험료.

○ 납입기간: 보험계약을 체결하고 보험료를 내는 기간. 납입기간은 상품마다 다르지만 계약자가 선택할 수 있다. 보험계약이 끝날 때까지 보험료를 내는 상품도 있고, 보통 5~30년 납을 선택할 수 있다. 보험료 납입기간과 보험기간은 다른데, 보험료 납입을 다 했다고 해서 보험기간이 끝난 것은 아니다. 계약 시 정한 납입기간은 보통 변경하기 어려울 수 있으니 처음부터 신중하게 선택하는 것이 좋다.

○ 보험기간: 보험계약의 혜택을 받는 기간, 보장을 받는 기간이다. 어떤 것은 80세까지 보장하고 어떤 상품은 100세 또는 종신토록 보장하는 상품이 있다. 주계약별, 특약별로도 보장기간은 다를 수 있다.

○ 보험만기: 보험의 혜택이 끝나는 것, 즉 보장 기간이 끝나는 것을 의미한다. 일반적으로 보험 만기가 되면 보장을 못 받지만, 일부 담보에서는 계속 중인 치료에 대해서는 보험만기가 지나도 일정 기간 더 보장해주는 경우도 있으니 가입되어 있는 특약을 자세히 살펴볼 필요가 있다.

○ 보험사고: 보험에 가입하고 보험금 지급사유가 발생한 것.

○ 보험금: 보험사고 발생 시 보험회사로부터 지급되는 돈. 상해나 질병으로 진단받고 치료받았을 때나 사망, 자동차사고, 화재사고로 지급되는

돈이다.

○ **보험료**: 보험계약을 체결하고 보험회사에 내는 돈.

○ **책임준비금**: 장래에 발생할 보험금, 환급금, 배당금 등 지급해야 할 돈에 대비하여 보험회사가 미리 보험료 일부를 적립해두는 돈.

○ **주계약**: 해당 상품의 주된 보장내용. 종신보험의 주계약은 사망보장, 암보험의 주계약은 암 진단비 또는 사망이고, 상해보험의 주계약은 상해 사망, 상해 후유장해이다. 여기에 다른 보장을 더 원하면 특약을 추가로 가입할 수 있다.

○ **특약**: 계약에 추가로 보장을 원할 때 가입하는 항목. 예를 들어 사망보장의 주계약에 진단비나 입원에 대한 보장을 더 원한다면 암 진단비 특약이나 입원특약을 추가로 넣을 수 있다.

○ **보험증권**: 가입한 보험계약에 대한 증서. 계약의 기본적인 내용이 담겨있다. 보험증권은 분실하면 재발급되지만, 증서이니만큼 보관을 잘해야 한다.

○ **보험약관**: 보험회사에서 정해놓은 계약에 관한 조항을 담은 책자. 보험금 지급 등의 규정이 상세히 나와 있는 중요한 책으로, 보험금 관련 등

의 분쟁 시 해석의 기준이 된다. 보험에 익숙지 않은 소비자에게는 어려운 내용이 많아, 최근에는 보험약관을 쉽게 쓰는 움직임이 일고 있다.

○ **보험책임(보장) 개시일:** 보험계약을 하고 피보험자에게 보장이 시작되는 날. 일반적으로는 계약이 성립되고 1회 보험료를 받은 날을 말하나 회사가 승낙하기 전이라도 청약과 함께 제1회 보험료를 받은 경우에는 제1회 보험료를 받은 날을 말한다. 가입 즉시 보장이 개시되지만, 암이나 질병은 계약 후 90일 지나야 보장이 시작된다(보장개시일과 암보장개시일은 다르다. 2015년 1월 1일에 최초계약의 제1회 보험료를 납입한 경우에는 보장개시일은 1월 1일이지만, 암보장개시일은 90일이 지난, 2015년 4월 1일이다).

○ **보험나이:** 보험에서만 쓰이는 나이로, 계약자 피보험자의 출생일부터 보험계약일까지의 기간을 따진 나이. 보험료 산정의 기준이 된다. 보험나이 계산법이 따로 있으며, 이 보험나이가 한 살씩 더 많아질수록 그만큼 보험료가 높아질 수 있다.

○ **해지:** 현재 유지되고 있는 계약이나 실효된 계약을 소멸시키거나 계약의 유지의사를 포기하여 계약을 청산하는 것.

○ **해지환급금:** 계약이 해지되는 때에 회사가 계약자에게 돌려주는 금액. 상품에 따라 보험의 가입금액에 따라 해지환급금은 천차만별이다.

○ **청약철회**: 보험계약을 한 후에 계약을 취소하는 것. 보험증권을 받은 날로부터 15일 이내에 청약을 철회할 수 있다. 다만, 진단을 받고 가입한 계약, 단체계약 또는 보험기간이 1년 미만인 계약은 청약을 철회할 수 없다.

○ **무효**: 계약자(피보험자)와 보험회사가 한 계약의 법률상의 효력이 발생하지 않아 처음부터 계약의 효과가 없는 것. 계약을 무효로 한 경우에는 보험회사는 이미 납입한 보험료를 전부 돌려준다.
계약의 무효조건은 다음과 같다.
  • 타인의 사망을 보험금 지급사유로 하는 계약에서 계약체결 시까지 피보험자의 서면 동의를 얻지 않은 경우.
  • 만 15세 미만자, 심신상실자 또는 심신박약자를 피보험자로 하여 사망을 보험금 지급사유로 한 계약의 경우.
  • 계약 체결 시 계약에서 정한 피보험자의 나이에 미달하였거나 초과하였을 경우.

○ **심신상실자(心神喪失者)**: 의식은 있으나 심신장애 정도가 심해 자신의 행위 결과를 합리적으로 판단할 능력을 갖추지 못한 사람.

○ **심신박약자(心神薄弱者)**: 마음이나 정신 장애로 사물 변별능력 ㅗ는 의사결정 능력이 없거나 부족한 사람. 민법에서는 한정치산자가 될 수 있음.

○ **품질보증**: 청약서 부본 및 약관 미전달, 약관 중요내용 설명 미비, 청약서 자필 서명 미기재 시 3개월 이내에 계약취소가 가능한 제도. 즉 설계사가 보험계약을 판매하면서 기본을 지키지 않았을 경우 계약자가 기존에는 청약일로부터 품질보증 해지가 가능하였으나 2015년 1월부터 계약이 성립한 날로부터 3개월 이내로 변경되었다.

○ **실효**: 가입한 보험이 효력을 상실하는 것, 즉 보장을 더 이상 받지 못하는 것을 의미. 보험료를 내다가 2달 동안 못 내면 3달째부터 보험계약이 실효된다고 보면 된다. 가입도 중요하지만 실효되지 않게 체크하는 것도 중요하다.

○ **납입최고(독촉)**: 보험회사가 약정한 기일까지 보험료가 납입되지 않을 경우 회사가 계약자에게 보험료 납입을 재촉하는 행위.

○ **계약부활**: 실효된 계약을 다시 살리는 일. 보통 실효 후 2년 이내에 부활신청을 해야 하며 2년 이후에는 계약을 부활할 수 없다. 부활도 신계약의 절차와 같으며 계약 전 고지의무도 발생하기에 실효된 기간 내에 있었던 병력은 모두 기재해야 한다. 부활 시 그동안 못 냈던 보험료도 한꺼번에 내야 하며 이자도 내야 한다. 보험은 한번 계약하면 부득이한 사정 외에는 끝까지 유지해야 손해를 보지 않기에 실효되지 않게 잘 관리해야 한다.

○ **부담보:** 피보험자가 보험계약 이전 질병이나 상해로 진단받았거나 치료를 받은 경우, 그 해당 부위에 대하여 보장을 제외하는 것. 피보험자의 상태에 따라 달라지며, 그에 따라 1년~5년 또는 보험 전기간을 보담보 기간으로 할 수 있다. 회사마다 부담보의 개수 제한을 두는 곳도 있으니 참고해야 하며 과거 병력이 많아 여러 곳에 부담보를 설정할 수 없는 경우에는 가입이 제한될 수도 있다. 다만 질병이 아닌 상해사고로 인한 보험금 청구는 경우에는 부담보와 관계없이 보상받을 수 있다.

○ **계약 전 알릴 의무:** 상법상 고지의무(제 651조)로 계약자나 피보험자는 계약을 할 때 회사가 서면으로 질문한 사항에 대하여 사실대로 알려야 한다. 청약서상 계약 전 질문 항표에 기재되어 있는 질문을 중요한 사항으로 본다. 이를 위반 시에는 계약의 해지 또는 보험금의 지급이 되지 않을 수 있다(고지의무위반으로 인한 계약해지- 보험계약 당시에 보험계약자 또 피보험자가 고의 또는 중대한 과실로 인하여 중요한 사항을 고지하지 아니하거나 부실의 고지를 한때에는 보험자는 그 사실을 안 날로부터 1개월 이내에, 계약을 체결하는 날로부터 3년 이내에 한하여 계약을 해지할 수 있다. 그러나 보험자가 계약 당시에 그 사실을 알았거나 중대한 과실로 알지 못한 때에는 해지하지 않는다).

○ **계약 후 알릴 의무:** 계약자나 피보험자가 상해보험 계약 후 알려야 할 사항이다. 주로 직업 또는 직무를 변경하거나 이륜자동차 또는 원동기 장치 자전거를 계속적으로 사용하게 된 경우에는 회사에 알려야 한다.

보험회사는 계약 시에 피보험자의 직업이나 직무 등에 따라 보험료를 달리 산정한다. 이는 같은 직업군에 속하는 피보험자의 보험료를 위험에 따라 동일하게 산정하는데, 계약 후에도 마찬가지로 직업의 위험이 달라졌다면 보험료의 변동이 있어야 한다. 회사에 알렸다면 회사는 통지를 받은 날로부터 1개월 이내에 계약자에게 보험료 증액을 청구하거나 특약을 해지할 수 있다.

만약 가입 시에는 사고의 위험률이 없는 사무직으로 일하다가 가입 후에 상해사고의 위험 정도가 높은 건설노동자로 직업을 변경했다면 보험료를 달리 산정해야 하기 때문에 반드시 알려야 한다. 이를 알리지 않고 업무 중 상해사고로 청구했을 때에는, 직업 요율을 따져 보험금이 삭감 지급될 수 있다.

○ **모집인**: 보험회사에 소속되어 있는 설계사. 회사에 소속은 되어 있지만, 회사와 보험소비자를 연결하는 중개인의 역할을 한다.

○ **보험대리점**: 생명보험, 손해보험, 제3보험 대리점으로 보험회사와는 별개의 모집조직. 보험회사를 대리하여 보험을 모집하고 계약 체결을 대리하는 자를 의미한다. 한 대리점에서 제휴가 되어 있는 여러 보험회사의 상품을 판매할 수 있고 보험회사로부터 약정한 수수료를 지급받는다.

○ **경험생명표**: 보험가입자들의 성별, 연령별 사망률과 잔여 수명을 예측하여 만든 표. 작성된 경험생명표는 보험료, 책임준비금의 산정기준이

된다. 특히 예정위험률에 적용되어 보험료 산정에 크게 영향력을 행사한다. 경험생명표는 대개 3~5년 단위로 변경되는데, 2015년 현재는 제8회 경험생명표를 사용한다. 사망률은 점차 낮아지고 생존율은 높아지기 때문에 사망을 담보하는 종신보험의 보험료는 낮아지며, 연금보험에서는 지급하는 연금연액이 작아진다. 경험생명표가 바뀌기 전에 가입하는 것이 같은 보험료를 내고 연금을 조금이나마 더 받을 수 있다.

○ **예정이율:** 보험회사는 고객이 납입한 보험료를 가지고 보험금을 지급하기 전까지 운용하는데, 이때 예상되는 수익률만큼 보험료를 할인해주는 것으로 보험료 산출에만 적용되는 이율. 예정이율을 높게 잡으면 보험료는 내려가고, 예정이율이 낮으면 보험료는 높아지게 된다. 보험가입 의사가 있다면 예정이율이 떨어지기 전에 가입하는 것이 현명하다고 할 수 있다

○ **최저보증이율:** 금리 연동형 상품에 공시이율과는 다르게 최저보증이율을 설정한다. 시중금리나 떨어지거나 공시이율이 떨어져도 보험사가 일정이율을 보장하는 게 최저보증이율이다.

○ **표준이율:** 금융감독원이 정한 보험상품의 이율로 보험회사가 계약자들에게 보험금을 주기 위해 쌓아두는 책임준비금에 적용되는 이율. 2001년 4월부터 보험회사 간의 과당경쟁을 막기 위해 도입했다.

○ **공시이율:** 보험의 예정금리. 은행의 예금 금리처럼 이자와 같은 개념으로

시중금리와 연동하여 적용된다. 보험사별 상품별 적용되는 이율은 다르다. 보험개발원의 공시기준이율을 감안하여 금리연동형 상품에 적용한다. 공시이율이 높을수록 고객이 받는 만기 환급금이나 중도해지 환급금이 커진다.

○ **영업일:** 회사가 정상적으로 영업하는 날로 토요일, 관공서의 공휴일에 관한 규정에 따른 공휴일과 근로자의 날은 제외한다. 주로 보험금 청구 과정에서 주로 나오는 용어다.

○ **진단계약:** 계약을 체결하기 위해서 피보험자(보험대상자)가 건강진단을 받는 계약. 보험회사로부터 주로 일정 부분 조건을 넘어서는 경우나(나이별 사망보험금 한도나 암 진단비의 한도를 넘어 가입을 원하는 경우-회사마다 상이) 확인이 필요한 경우는 보험회사에서 정한 병·의원에 내원하여 검진을 받거나, 보험회사의 위탁을 받은 검진업체의 간호사가 나와 방문검진을 한다. 그 결과를 토대로 보험사는 계약의 인수 여부를 결정한다.

○ **의료기관:** 의료법 제 3조(의료기관)제2항에서 정하는 의료기관이며 종합병원·병원·치과병원·한방병원·요양병원·의원·치과의원·한의원 및 조산원으로 구분된다. 보험사고 후 지급하는 기준이 되는 의료기관으로 진단 및 치료가 위의 기관이 아닌 곳에서 이뤄지면 보험금 청구 시에 지급이 거절된다.

예를 들어 보건소·보건의료원 및 보건지소·치매요양원·군의무대·요양시설·복지시설은 의료기관으로 인정되지 않는다.

○ **한국 표준질병·사인분류:** 국민의 보건의료 복지행정의 수행과 의학연구를 위해 한국인의 질병 및 사망원인 통계조사(질병 이환 및 사망자료) 등의 표준통계를 세계보건기구의 국제질병분류표 ICD를 기초로 성질의 유사성에 따라 체계적으로 유형화한 것. 보험회사에서는 이 분류코드에 따라 보험금지급 조건이 달라진다.

○ **보험 계약대출:** 보험계약자가 자신이 가입한 보험을 담보로 하여 받는 대출.

○ **보험금 가지급제도:** 보험회사에서 지급 기한 내에 보험금이 지급되지 못할 것으로 판단하는 경우 보험금의 일부를 먼저 지급하는 제도.